LA PHILOSOPHIE DE L'AMOUR

en 365 citations

Julie Mestrot

LA PHILOSOPHIE DE L'AMOUR
en 365 citations

6	Introduction	126	Simmel
		130	Bergson
10	Platon	134	Russell
16	Aristote	142	Jaspers
22	Lucrèce	146	Bataille
28	Épictète	150	Lacan
32	Saint Augustin	154	Sartre
36	Montaigne	160	Alquié
40	Hobbes	166	Levinas
46	Descartes	172	Beauvoir
52	Pascal	178	Ricœur
60	Spinoza	184	Barthes
66	Leibniz	192	Irigaray
70	Voltaire	198	Grimaldi
76	Rousseau	204	Badiou
84	Fourier	212	Nancy
92	Stendhal	218	Kristeva
88	Schopenhauer	222	Marion
104	Mill	228	Nussbaum
108	Kierkegaard	232	Butler
112	Nietzsche		
118	Freud	236	Les ouvrages cités

LA PHILOSOPHIE DE L'AMOUR

INTRODUCTION

Qu'aime-t-on dans l'amour ? L'amour doit-il nécessairement se réaliser dans la durée ? Fait-il davantage notre malheur ou notre bonheur ? Peut-il y avoir amour sans sexualité ? L'amour ne se réduit-il pas aux fantasmes de l'imagination ? L'amour, certes, tout le monde en parle, beaucoup l'expérimentent, le « font », mais la difficulté de répondre avec certitude à ces questions nous indique peut-être le paradoxe d'une philosophie de l'amour. Celui-ci, selon l'adage, nous rendrait d'ailleurs aveugles, nous faisant attribuer à l'aimé comme à l'amour lui-même des qualités que ni l'un ni l'autre n'ont. Dès lors, une philosophie de l'amour n'est-elle pas une proposition paradoxale ? L'amour n'est-il pas le contraire de la sagesse, et donc folie ou aveuglement ? Il n'est pas évident que la philosophie, qui depuis sa naissance en Grèce se définit par l'usage de la raison, puisse nous dire quelque chose de cet amour, en son fond déraisonnable. Soit la philosophie ne ferait que réduire l'amour à ce qu'elle peut en comprendre, se donnant l'illusion de pouvoir le contrôler ;

soit il est réellement quelque chose de raisonnable dans l'amour, par quoi il obtiendrait l'approbation du sage.

À suivre le raisonnement philosophique, nous devons d'abord constater combien le phénomène amoureux excède la seule dimension personnelle. S'il est légitime de se demander en quoi l'amour contribue au malheur ou au bonheur de celui qui aime, l'amour est aussi au cœur du questionnement moral. Il peut être capable de rendre l'homme meilleur et culminer dans un amour désintéressé. Et surtout, toute réflexion sur l'amour se doit de prendre en compte sa dimension collective et sociale : l'amour, n'en déplaise aux amants, n'est pas affranchi d'institutions, de lois ou de coutumes qui contribuent à déterminer ce qu'il peut être. Reste encore à savoir s'il est une sagesse de l'amour, qui ne soit pas seulement une façon d'aimer sagement ; l'amour n'est peut-être pas un accident qui arriverait comme un fait extérieur à l'individu, mais une structure d'ouverture fondamentale de notre être.

Il semble, à lire les philosophes, que ces questions ne puissent être totalement résolues, l'amour demeurant multiple, singulier, paradoxal. Déjà la langue grecque avait plusieurs mots pour dire l'amour : *philia*, la bienveillance ou le partage ; *éros*, le désir ; *agapé*, le don dans l'amour universel. L'amour ne serait ni égoïsme, ni altruisme, ni non plus simple sentiment ou désir physique ; à la fois asocial et politique ; risque de se perdre et possibilité de joie ; sagesse et déraison.

Dans ce livre, nous avons délibérément voulu envisager l'amour comme relation d'un être humain à un autre. Le thème est éculé sans doute, soit qu'on le juge ridicule, soit qu'on le trouve partout, et non sans une certaine vulgarité dans les dérives du psychologisme et de l'être bien, dans la recherche individualiste du bonheur et dans cette singulière exhibition de ce que c'est que faire l'amour. Comme si l'amour était quelque chose qu'on a, quelque chose qu'on fait ou pas, plutôt que quelque chose que l'on définit chaque fois, que librement on choisit, en n'étant jamais véritablement sûr ni d'être aimé ni que l'on aime.

PLATON
VERS 427–347 AVANT J.-C.

PLATON

La philosophie platonicienne atteste du lien profond qui unit dès son commencement la philosophie à l'amour. Loin de faire de l'amour le lieu de l'irrationnel, de l'intime ou de l'individuel, Platon expose dans sa philosophie la façon dont l'amour nous permet d'accéder à l'universel et au rationnel.

Paradoxalement, rien ne semble en effet plus étranger à l'amour platonicien que l'amour platonique. Les dialogues du *Banquet* (De l'amour) ou du *Phèdre* (De la beauté) nous révèlent une véritable culture de l'amour des Grecs. Plus loin, Platon définit essentiellement l'amour comme désir, c'est-à-dire comme manque. Nous ne désirons que ce qui nous manque, sans quoi nous ne désirerions pas. Et l'amour, en premier lieu, est donc désir des corps, désir en particulier des beaux corps. Mais la force de l'amour est de ne pas s'arrêter à la beauté de tel corps particulier : de la contemplation de la beauté de l'aimé, nous en arrivons à considérer la beauté en général, la beauté universelle, soit l'idée de beauté. Ainsi, l'amour est pour Platon moins le lien entre moi et autrui, que le médiateur entre moi et l'Idée universelle et rationnelle de la beauté.

On comprend dès lors que pour Platon, l'amour ne saurait s'attacher à un individu en particulier, puisqu'il perçoit la beauté de tous les corps et par suite de toutes les âmes. Un tel amour, non seulement n'est pas exclusif, mais encore n'exige pas la réciprocité. Il est d'abord ce qui nous mène à l'au-delà des corps, à la transcendance de la beauté.

1.
Naissance, honneurs, richesses,
rien ne peut aussi bien que l'amour
inspirer à l'homme ce qu'il faut
pour mener une vie honnête :
je veux dire la honte du mal
et l'émulation du bien.

2.
Ce n'est que parmi les amants qu'on sait mourir
l'un pour l'autre.

3.
Ce qu'il se procure finit toujours par lui échapper,
si bien qu'Éros n'est jamais ni dans la misère
ni dans l'opulence.

4.
Ce qu'on n'a pas,
ce qu'on n'est pas,
ce dont on manque,
voilà les objets du désir
et de l'amour.

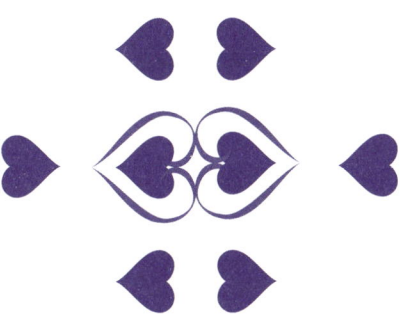

5.
J'ose même dire que si un homme qui aime avait commis une mauvaise action, ou enduré un outrage sans le repousser, il n'y aurait ni père, ni parent, ni personne au monde devant qui cet homme eût autant honte de paraître que devant celui qu'il aime. Et nous voyons qu'il en est de même de celui qui est aimé ; car il n'est jamais si confus que lorsqu'il est surpris en quelque faute par son amant.

6.
Il n'est point d'homme si lâche que l'amour n'enflammât alors du plus grand courage, et ne rendît semblable à un héros.

7.
L'amour, nécessairement, est aussi amour de l'immortalité.

8.
Éros est un intermédiaire, un intermédiaire entre le mortel et l'immortel.

9.
Il est laid de céder misérablement à un misérable, mais beau de bellement complaire à un homme de mérite. Et le misérable, c'est cet homme du tout-venant, « pandémien », qui aime le corps plus que l'âme.

ARISTOTE
384-322 AVANT J.-C.

ARISTOTE

Ce philosophe grec, disciple de Platon, considéré jusqu'à la fin du Moyen Âge, tant en Orient qu'en Occident, comme le « premier maître », se consacra à l'étude de la logique, de la politique, mais aussi à l'éthique dans son ouvrage fameux *Éthique à Nicomaque*. Il y développe la notion fondamentale de *philia*, que l'on traduit généralement en français par amitié et qui a le sens d'amour désintéressé. Elle est pour Aristote indispensable au bonheur humain et représente un facteur de cohésion sociale.

Cette amitié ou *philia*, s'accompagne nécessairement de vertus, au point qu'elle peut elle-même être considérée comme cette vertu éthique qui nous fait vouloir le bien d'autrui. Certes, l'amitié peut aussi se fonder sur l'utilité ou encore sur le plaisir que me procure la fréquentation d'autrui. Les amitiés ou amours de cette sorte sont superficiels et inconstants. Pour être véritable, la *philia* doit avoir pour objet un être lui-même vertueux ; elle lie deux semblables et doit être réciproque. Ce n'est qu'en commençant par la bienveillance, que l'amitié peut être plaisir, motif de réjouissance.

Ainsi, on ne rencontre guère l'amour aristotélicien dans les débordements de la passion. Il n'en reste pas moins que l'analyse aristotélicienne de l'amour comme entente, assistance mutuelle, égalité des amants, nous rappelle le fondement et les conditions du bien durable qui unit les hommes dans le bonheur.

10.
Les jeunes gens ont aussi un penchant à l'amour, car une grande part de l'émotion amoureuse relève de la passion et a pour source le plaisir.
De là vient qu'ils aiment et cessent d'aimer avec la même rapidité, changeant plusieurs fois dans la même journée.

11.
Les plaisirs sont un obstacle à la prudence et cela d'autant plus que la jouissance ressentie est plus intense, comme dans le cas du plaisir sexuel, où nul n'est capable de penser quoi que ce soit en l'éprouvant.

12.
Celui qui est meilleur que l'autre doit être aimé plus qu'il n'aime.

13.
Aimer est semblable à un processus de production, et être aimé à une passivité ; et par suite ce sont ceux qui ont la supériorité dans l'action que l'amour et les sentiments affectifs accompagnent naturellement.

14.
Aimer, c'est se réjouir.

15.
Ceux dont les relations amoureuses reposent sur une réciprocité non pas même de plaisir mais seulement d'utilité, ressentent aussi une amitié moins vive et moins durable. Et l'amitié basée sur l'utilité disparaît en même temps que le profit : car ces amis-là ne s'aimaient pas l'un l'autre, mais n'aimaient que leur intérêt.

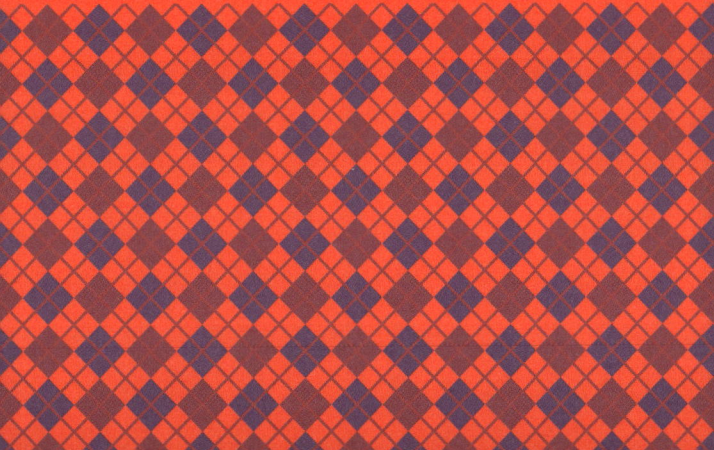

16.
Pour l'un, le plaisir consiste dans la vue de l'aimé, et pour l'autre, dans le fait de recevoir les petits soins de l'amant ; et la fleur de la jeunesse venant à se faner, l'amour se fane aussi (à celui qui aime, la vue de l'aimé ne cause pas de plaisir, et à l'être aimé on ne rend plus de soins) ; dans beaucoup de cas, en revanche, l'amour persiste quand l'intimité a rendu cher à chacun d'eux le caractère de l'autre, étant tous les deux d'un caractère semblable.

17.
Ce qu'il y a de plus beau, c'est ce qu'il y a de plus juste, et ce qu'il y a de meilleur, c'est de se bien porter ; mais ce qu'il y a par nature de plus agréable, c'est d'obtenir l'objet de son amour.

LUCRÈCE
98-55 avant J.-C.

LUCRÈCE

Lucrèce, philosophe et poète romain, fut un disciple d'Épicure. Cet héritage détermine profondément la conception que Lucrèce se fait de l'amour. Pour l'épicurisme, en effet, la sagesse consiste dans l'ataraxie de l'âme, dans la sérénité que seule confère l'autonomie. L'épicurisme ne prône donc pas l'abandon vulgaire à la jouissance. Il faut rechercher le plaisir, le bonheur, en s'aidant de la philosophie, qui nous permet de savoir quels sont les plaisirs qui sont réellement bons.

Ainsi, l'amour ne trouve pas grâce aux yeux d'Épicure, encore moins aux yeux de Lucrèce. D'abord, il est dépendance et consiste à remettre son existence aux mains d'autrui. Croyant pouvoir trouver dans l'aimé la source du bonheur, l'amant se détourne ainsi de la philosophie et du chemin qui mène à la véritable sagesse, durable et sereine. Car la dépendance est une source de souffrance. Non seulement elle repose sur les illusions que nous nous faisons sur l'objet de notre amour, mais elle cause le retournement de l'amour en haine, car nous en venons à haïr celui qui nous enchaîne. Enfin, l'amour-passion est excès, démesure ou *hybris* et nous emporte au-delà de nous-mêmes.

L'amour exclusif est donc moins source de plaisir que de souffrance et nous détourne de la philosophie selon Lucrèce. Cette thèse, condamnation sans appel de l'amour, contribue d'autre part à expliquer les raisons profondes du rejet et de l'oubli de l'amour par la philosophie.

18.
L'amour nourrit l'amour ; il est l'unique chose
Dont la possession aiguise le désir.
Plus le cœur en a pris, plus il en veut saisir.

19.
L'amour est un abcès qui, à le nourrir, s'avive et s'envenime ; c'est une frénésie que chaque jour accroît, et le mal s'aggrave si de nouvelles blessures ne font pas diversion à la première, si tu ne te confies pas encore sanglant aux soins de la Vénus vagabonde et n'imprimes pas un nouveau cours aux transports de ta passion.

20.
Dans l'aveuglement
de leur passion,
les hommes attribuent
à l'objet de leur amour
les mérites qu'il n'a pas.

21.
Éviter de tomber dans les rets
de l'amour est moins difficile
que de s'en dégager.

LA PHILOSOPHIE DE L'AMOUR

22.
Fuir l'amour n'est point se priver
des joies de Vénus, c'est au contraire
jouir sans payer de rançon.

23.
La vie de l'amant est vouée à l'esclavage.

24.
Les maux d'un amour malheureux
et sans espoir apparaîtraient aux yeux
fermés ; ils sont innombrables.
La sagesse est donc de se tenir sur
ses gardes, comme je l'ai enseigné,
pour échapper au piège.
Et ne connais-tu pas des couples
qu'une chaîne de volupté fait vivre
dans la torture ?

ÉPICTÈTE
VERS 50-130 APRÈS J.-C.

ÉPICTÈTE

Le philosophe Épictète est l'un des plus éminents représentants de la sagesse stoïcienne. Celle-ci est une quête de l'ataraxie, de la sérénité de l'âme. Pour y parvenir, il nous faut accepter notre impuissance, savoir distinguer les choses sur lesquelles nous pouvons agir et celles qui inévitablement nous résistent. Ainsi, nous sommes libres à l'égard de nos sentiments et de nos pensées, libres de bannir tous les affects négatifs ou trop puissants, pour parvenir à la tranquillité et la paix.

Dès lors, on comprend que la morale stoïcienne ait pu développer la critique de l'amour peut-être la plus sévère de la tradition philosophique occidentale. La passion amoureuse, inévitablement excessive, violente, doit être condamnée comme la source des troubles de l'âme et comme un frein puissant dans la recherche de la sagesse. *Éros*, le désir, nous pousse à vouloir posséder ce qui ne dépend pas de nous, et nous perd dans les illusions de l'espérance et du désespoir.

Il est, bien sûr, une autre sorte d'amour, qui est sociabilité, bienveillance envers ceux qui nous sont proches, notre famille notamment. Mais cette tendre affection doit être étroitement régulée, de sorte que nous ne puissions jamais ressentir de peine, que jamais même cette tendre affection ne puisse devenir source de troubles, mais seulement de bonheur et d'affects positifs. Dès lors, le sage seul peut tenter d'aimer, car lui seul sait ce qu'il est bon d'aimer pour conserver la paix de l'âme.

25.
Si nous avouons un manque d'empire sur nous-mêmes, nous alléguons l'amour, pour que l'on nous pardonne le fait comme involontaire.

26.
Il n'y a que le sage qui soit capable d'amitié. Comment celui qui ne sait pas connaître ce qui est bon ou mauvais pourrait-il aimer ?

27.
Tu espères que tu seras heureux dès que tu auras obtenu ce que tu désires. Tu te trompes.
Tu ne seras pas plus tôt en sa possession,
que tu auras mêmes inquiétudes, mêmes chagrins, mêmes dégoûts, mêmes craintes, mêmes désirs.
Le bonheur ne consiste point à acquérir et à jouir, mais à ne pas désirer. Car il consiste à être libre.

ÉPICTÈTE

28.
Le bonheur et le désir ne peuvent se trouver ensemble.

29.
La cause de tous les troubles de l'âme, c'est le désir de choses qui ne s'accomplissent pas.

30.
Chasse tes désirs, tes craintes, et il n'y aura plus de tyran pour toi.

SAINT AUGUSTIN

354-430

SAINT AUGUSTIN

Philosophe, père de l'Église, saint Augustin posa les fondements de la culture chrétienne. Il considère celle-ci comme ne présentant aucune contradiction avec le platonisme par lequel il fut très influencé. Son apport philosophique consiste d'abord dans la définition qu'il donne des rapports entre foi et raison ; ensuite, dans sa réflexion sur la séparation des pouvoirs temporels et ecclésiastiques. Il fut également l'auteur d'une autobiographie dans laquelle il revient sur son parcours personnel et spirituel.

Le récit que saint Augustin fait de sa vie dans les *Confessions* est ainsi l'histoire d'une conversion à la foi, d'une conversion de l'amour charnel à l'amour divin. Saint Augustin y dépeint la vie de débauche qui fut la sienne pendant sa jeunesse et la condamne ; elle ne fut qu'avilissement, qu'un égarement sur la voie qui mène à l'amour véritable. Dans l'amour sensuel, il cherchait en réalité une autre vérité de l'amour.

Cet amour véritable affranchi d'*éros* est amour du prochain, sollicitude, amour de Dieu. C'est pourquoi la morale augustinienne peut tout entière être fondée sur l'amour. Il suffit d'être aimant pour connaître ce que veut la morale. Car l'amour consiste à vouloir le bien. Le seul véritable amour est donc pur au sens où il est désintéressé.

31.
Aimant aimer, je cherchais un objet pour cet amour, et je haïssais la sécurité comme le chemin sans embûches.

32.
Celui qui se perd dans sa passion perd moins que celui qui perd sa passion.

33.
La mesure de l'amour, c'est d'aimer sans mesure.

SAINT AUGUSTIN

34.
L'amour détruit ou adoucit les peines et les obstacles.

35.
Rassemblant sans manquer de rien, soutenant, remplissant, protégeant, créant et nourrissant, donnant la perfection, cherchant sans manquer de rien, tu aimes et tu n'es pas brûlant, tu es jaloux mais tu es assuré, tu te repens mais tu ne souffres pas, tu te mets en colère mais tu es calme, tu changes tes œuvres mais tu ne changes pas tes desseins.

36.
Heureux celui qui vous aime, qui aime son ami en vous et son ennemi à cause de vous.

MICHEL EYQUEM DE
MONTAIGNE

1533-1592

MONTAIGNE

Michel Eyquem de Montaigne est sans nul doute l'un des auteurs les plus unanimement loués. Dans son œuvre singulière, *Les Essais*, ce penseur humaniste livre au lecteur autant de remarquables analyses de lui-même et de son temps. Mais la portée morale et philosophique de l'œuvre, nourrie aux sources de l'Antiquité, du stoïcisme et de l'épicurisme en particulier, confère à ses *Essais* une valeur universelle.

S'agissant de l'amour, Montaigne semble encore une fois prendre le contre-pied des mœurs de son temps. Au livre III des *Essais*, il fait ainsi l'éloge de la volupté. Les joies du corps doivent être cultivées, faire l'objet d'un raffinement subtil, sans quoi elles nous rendent semblables aux bêtes. Mais Montaigne, stoïcien, se méfie des excès de la passion qui consistent à remettre sa vie dans les mains d'autrui. Ainsi qu'il l'affirme à de nombreuses reprises, il faut savoir cultiver son autonomie, « la plus grande chose en ce monde est de savoir rester auprès de soi ».

Dans des pages célèbres et sublimes, Montaigne évoque enfin, dans un langage amoureux, l'amitié qui le lia avec Étienne de La Boétie : bienveillance mutuelle, enrichissement, mais aussi enchaînement libre au point que le langage achoppe à l'exprimer. Si cette amitié peut sembler confiner à l'amour, ce n'est pas que Montaigne eût peu de considération pour les femmes. Féministe, établissant l'égalité de nature des femmes et critiquant leur assujettissement aux hommes, Montaigne apparaît également comme le pourfendeur du mariage, cette double aliénation.

37.
C'est contre la nature de l'amour, s'il n'est violent, et contre la nature de la violence, s'il n'est constant.

38.
Je trouve après tout que l'amour n'est pas autre chose que la soif de la jouissance sur un objet désiré et que Vénus n'est pas autre chose non plus que le plaisir de décharger ses vases, qui devient vicieux ou s'il est immodéré ou s'il manque de discernement.

39.
C'est le jouir, non le posséder, qui nous rend heureux.

40.
J'ai horreur d'imaginer mien un corps privé d'affection.

41.
Je dis que les mâles et femelles sont jetés
en même moule, sauf l'institution et l'usage,
la différence n'y est pas grande.

42.
Il est bien plus aisé d'accuser un sexe,
que d'excuser l'autre. C'est ce qu'on dit,
le fourgon se moque de la pelle.

43.
Qu'a fait aux hommes l'acte génital qui est
si naturel, si nécessaire et si légitime pour que
nous n'osions pas en parler sans honte ?

THOMAS
HOBBES
1588-1679

HOBBES

Contemporain de Descartes et de Pascal, ce philosophe anglais articula, ainsi que le fit Jean-Jacques Rousseau, sa pensée politique autour des notions de contrat social et d'état de nature. Dans son célèbre *Léviathan*, qui eut une très profonde influence sur la philosophie politique moderne, Hobbes fonde sa réflexion politique sur des constats anthropologiques : l'homme est essentiellement animé par le désir et par la crainte. Nous désirons légitimement ce qui est bon pour nous et craignons de même ce qui peut nous nuire.

Or l'amour pour Hobbes est réductible au désir, à l'*éros*. Plus précisément, si le désir est un manque, l'amour est la satisfaction de ce désir. L'amour comme désir est ainsi naturel et légitime. Contre les critiques de l'amour comme désir, la conception de Hobbes réaffirme donc sa puissance et son irréductibilité.

Cependant, le désir n'en reste pas moins profondément absurde, frustrant. Car il ne s'éteint pas totalement dès lors qu'il est satisfait, il devient désir d'assurer la perpétuité de la satisfaction. Ainsi, le désir se relance sans fin lui-même, le manque s'éternise et ne disparaît qu'avec la mort. Dans l'amour, l'homme se laisse donc prendre au piège du cercle vicieux du désir : à peine contenté il en est déjà de nouveau la victime.

44.
Ce que les hommes désirent, on dit qu'ils l'AIMENT, et qu'ils HAÏSSENT les choses pour lesquelles ils ont de l'aversion. Si bien que désirer et aimer sont la même chose, sauf que par désir, nous signifions l'absence de l'objet, et par amour, plus couramment la présence du même objet. De même, par aversion, nous signifions l'absence, et par haine, la présence de l'objet.

45.
Celui dont les désirs ont atteint leur terme ne peut pas davantage vivre que celui chez qui les sensations et les imaginations sont arrêtées.

46.
Ce mouvement, qui est nommé appétit, et, pour l'apparition, *volupté* et *plaisir*, semble être un appui, une aide du mouvement vital.

47.
L'amour d'une personne en particulier,
lié au désir d'être soi-même aimé en particulier,
est la PASSION DE L'AMOUR. Le même,
lié à la crainte que l'amour ne soit pas réciproque,
est la JALOUSIE.

48.
Donner à quelqu'un quelque signe d'amour
ou de crainte, c'est l'honorer, car aimer ou craindre,
c'est accorder de la valeur. Mépriser, aimer ou
craindre quelqu'un moins qu'il ne s'y attendait,
c'est attenter à son honneur, car c'est le dévaloriser.

49.
La félicité est une continuelle marche
en avant du désir, d'un objet à un autre,
la saisie du premier n'étant encore
que la route qui mène au second.
La cause en est que l'objet du désir
de l'homme n'est pas de jouir une
seule fois et pendant un seul instant,
mais de rendre à jamais sûre la route
de son désir futur.

RENÉ
DESCARTES
1596-1650

DESCARTES

René Descartes, considéré comme le fondateur de la philosophie moderne, développa une conception du sujet qui marqua profondément l'ensemble de la philosophie occidentale. La philosophie morale de Descartes est également d'une grande subtilité, mais méfiant à l'égard de ces questions, le philosophe les traita surtout dans le cadre privé. Dans sa remarquable *Lettre à Chanut* datée du 1er février 1647, Descartes s'interroge sur les implications morales de l'amour. L'amour est certes la source de bien des maux, mais est-il en son essence un mal ?

L'amour cartésien peut être rapproché de l'amour spinoziste. Il est la joie associée à la possession d'une chose qui est facteur de mon propre bien. Par suite, l'amour est la cause du perfectionnement et du bonheur de celui qui l'éprouve. À une condition toutefois : l'objet aimé doit être effectivement estimable, il doit être réellement cause du bien. L'amour pour Descartes n'est bon qu'à proportion des qualités de l'objet aimé. Il importe donc de régler ses désirs sur ce qui est réellement convenable.

La conception cartésienne de l'amour constitue dès lors une réconciliation des perspectives platonicienne et aristotélicienne. L'amour comme désir, comme manque, n'est pas incompatible avec l'amour comme bienveillance. L'*éros* de Platon entraîne logiquement la *philia* d'Aristote : lorsque je désire une chose, pour le bien qu'elle me procure, je veux nécessairement son bien, sa conservation parce que d'elle dépend mon propre bien.

50.
On méprise un homme qui est jaloux de sa femme, parce que c'est un témoignage qu'il ne l'aime pas de la bonne sorte, et qu'il a mauvaise opinion de soi ou d'elle. Je dis qu'il ne l'aime pas de la bonne sorte ; car, s'il avait une vraie amour pour elle, il n'aurait aucune inclination à s'en défier.

51.
On distingue communément deux sortes d'amour, l'une desquelles est nommée amour de bienveillance, c'est-à-dire qui incite à vouloir du bien à ce qu'on aime ; l'autre est nommée amour de concupiscence, c'est-à-dire qui fait désirer la chose qu'on aime. Mais il me semble que cette distinction regarde seulement les effets de l'amour, et non point son essence.

52.
La nature de l'amour est de faire qu'on se considère avec l'objet aimé comme un tout dont on est qu'une partie, et qu'on transfère tellement les soins qu'on a coutume d'avoir pour soi-même à la conservation de ce tout, qu'on en retienne pour soi en particulier qu'une partie aussi grande ou aussi petite qu'on croit être une grande ou une petite partie du tout auquel on a donné son affection.

53.
Je juge que l'amour que nous avons pour un objet qui ne le mérite pas, nous peut rendre pire que ne le fait la haine que nous avons pour un autre que nous devrions aimer.

54.
Cette amour est extrêmement bonne, parce que, joignant à nous de vrais biens, elle nous perfectionne d'autant.

55.
Voyant que l'amour, quelque déréglée qu'elle soit,
a toujours le bien pour objet, il ne me semble pas
qu'elle puisse tant corrompre nos mœurs,
que fait la haine qui ne se propose que le mal.

56.

Ce sont des sentiments confus de notre enfance, qui, demeurant joints avec les pensées raisonnables par lesquelles nous aimons ce que nous en jugeons digne, sont cause que la nature de l'amour nous est difficile à connaître.

57.

Ceux qui s'adonnent à aimer, encore même que leur amour soit déréglée et frivole, ne laissent pas de se rendre plus honnêtes gens et plus vertueux, que s'ils occupaient leur esprit à d'autres pensées.

58.

Lorsqu'une chose nous est représentée comme bonne à notre égard, c'est-à-dire comme nous étant convenable, cela nous fait avoir pour elle de l'amour ; et lorsqu'elle nous est représentée comme mauvaise ou nuisible, cela nous excite à la haine.

BLAISE
PASCAL

1623-1662

PASCAL

Mathématicien, physicien et philosophe français, Pascal se distingue par la démarche empiriste sur laquelle repose la connaissance de la nature humaine qu'il développa dans ses *Pensées*, mais également dans son *Discours sur les passions de l'amour*. Moraliste connu pour son austérité, Pascal considère néanmoins l'amour comme une passion naturelle à l'homme, nécessaire et finalement bonne.

Certes, l'amour ne s'accomplit pas sans illusions et peut-être n'est-il de ce fait qu'un malentendu. Car qu'aime-t-on quand on aime ? Une âme à laquelle on n'a jamais accès ? Ou telle ou telle qualité dont aucune n'est immuable ? L'amour enfin est avant tout recherche des plaisirs, et eux-mêmes ne durent qu'un moment. Cependant, l'amour reste pour Pascal, en son fond, raisonnable. Autrement dit, il est une raison à l'amour : l'homme se constitue autour d'un manque ; seul, il est imparfait. Les hommes ainsi ne sont pas faits pour la solitude. L'amour est aussi respect d'autrui, qui élève l'âme de celui qui l'éprouve.

Les critiques de l'amour sont donc justes, mais elles méconnaissent une vérité fondamentale : « Le cœur a ses raisons que la raison n'a pas », dit Pascal. Les philosophes croient placer la raison plus haut que tout, mais il ignore les raisons du cœur. Il faut comprendre le cœur comme ce par quoi l'homme possède une connaissance naturelle et véritable de ce qui a le plus de valeur, à commencer par l'amour qui culmine, pour Pascal, dans l'amour de Dieu.

59.
L'homme seul est quelque chose d'imparfait. Il faut qu'il trouve un second pour être heureux.

60.
À force de parler d'amour, on devient amoureux, il n'y a rien de si aisé. C'est la passion la plus naturelle à l'homme.

61.
Mais celui qui aime quelqu'un à cause de sa beauté, l'aime-t-il ? Non, car la petite vérole qui tuera la beauté sans tuer la personne, fera qu'il ne l'aimera plus.

62.
L'amour donne de l'esprit, il se soutient par l'esprit. Il faut de l'adresse pour aimer.

63.
L'on a ôté mal à propos le nom de raison à l'amour, et on les a opposés sans un bon fondement, car l'amour et la raison n'est qu'une même chose. C'est une précipitation de penser qui se porte d'un côté sans bien examiner tout, mais c'est toujours une raison et l'on ne doit et l'on ne peut pas souhaiter que cela soit autrement, car nous serions des machines très désagréables.

64.
Quand on est loin de ce que l'on aime, l'on prend la résolution de faire ou de dire beaucoup de choses. Mais quand on est près, on est irrésolu. D'où vient cela ? C'est que quand on est loin la raison n'est pas si ébranlée.

65.
L'homme n'aime pas demeurer avec soi. Cependant il aime, il faut donc qu'il cherche ailleurs de quoi aimer, il ne peut le trouver que dans la beauté.

66.
Quand nous aimons nous paraissons à nous-mêmes tout autres que nous étions auparavant.

67.
L'homme est né pour le plaisir, il le sent, il n'en faut point d'autre preuve ; il suit donc sa raison en s'adonnant au plaisir. Mais bien souvent il sent la passion dans son cœur sans savoir par où elle a commencé. Un plaisir vrai ou faux peut remplir également l'esprit.

68.

L'amour n'a point d'âge, il est toujours naissant. Les poètes nous l'ont dit, c'est pour cela qu'ils nous le présentent comme un enfant.

69.

L'amour et le respect doivent être si bien proportionnés qu'il faut qu'ils se soutiennent sans que le respect étouffe l'amour.

70.

Le plaisir d'aimer sans le dire a ses peines, mais aussi a ses douceurs.

PASCAL

71.
Le cœur a son ordre, l'esprit a le sien qui est par principe et démonstration. Le cœur en a un autre. On ne prouve pas qu'on doit être aimé en exposant d'ordre les causes de l'amour ; cela serait ridicule.

72.
Il semble que l'on ait tout une autre âme quand on aime que quand on n'aime pas. On s'élève par cette passion et on devient toute grandeur.

BARUCH
SPINOZA

1632–1677

SPINOZA

Baruch Spinoza, héritier critique du cartésianisme, le « Prince des philosophes » selon Gilles Deleuze, eut une influence profonde et durable. Outre ses œuvres théologiques et politiques, le philosophe néerlandais proposa dans son *Éthique* une redéfinition des idées de l'homme et du désir, mais il établit surtout les conditions du bonheur et de la liberté. L'*Éthique* de Spinoza s'articule tout entière autour de la question de la joie. La joie, jouissance du corps et de l'esprit, signifie l'adéquation de l'homme à lui-même, l'accroissement de sa force et de son vouloir-vivre. Elle s'oppose aux dérèglements qui accompagnent toujours les passions tristes : la haine, la crainte, le désespoir, la rancœur... Justement, pour Spinoza, l'amour se définit essentiellement comme joie.

C'est dans la dernière partie de l'*Éthique* que Spinoza propose cette définition particulièrement originale de l'amour : celui-ci apparaît comme l'aboutissement de l'éthique, le sommet de la recherche morale, et est conçu comme une joie qui accompagne la représentation de l'être aimé.

Ainsi, l'amour est d'abord joie, c'est-à-dire aussi pour Spinoza, accroissement de la force, de la puissance de celui qui aime, et en même temps affirmation de l'existence de l'être aimé. « Le fait que tu existes me procure de la joie », pourrait être une reformulation partielle de la définition de l'amour de Spinoza.

73.
L'amour est une Joie accompagnée de l'idée d'une cause extérieure.

74.
Par sentiments (affects), j'entends les affections du corps, par lesquelles la puissance d'agir de ce corps est augmentée ou diminuée, aidée ou empêchée ; et en même temps les idées de ses affections.

75.
L'amour naît donc de la représentation et de la connaissance que nous avons d'un objet ; et plus l'objet se montre grand et imposant, plus l'amour est grand et imposant en nous.

76.
L'amour consiste à jouir d'une chose et à s'unir à elle.

77.

Nous pouvons nous affranchir de l'amour de deux manières : ou bien par la connaissance d'une chose meilleure, ou bien par l'expérience qui nous apprend que l'objet aimé que nous avons pris pour quelque chose de grand et de magnifique nous apporte beaucoup de douleur, de peine et de dommage.

78.
Il est nécessaire de ne pas nous affranchir tout à fait de l'amour, parce que, à cause de notre faiblesse, nous ne pourrions exister sans la jouissance de quelque bien auquel nous sommes unis et par lequel nous sommes fortifiés.

79.
La haine et l'aversion ont en elles autant d'imperfection que l'amour a de perfection, car celui-ci tend toujours à changer les choses en mieux ; il tend vers l'accroissement et la force, qui est une perfection ; tandis que la haine tend à la destruction, à l'affaiblissement, à l'annihilation : ce qui est l'imperfection même.

80.
Seul l'amour est infini, c'est-à-dire que plus il s'accroît, plus nous sommes parfaits.

GOTTFRIED WILHELM
LEIBNIZ

1646–1716

LEIBNIZ

Philosophe allemand, Leibniz fut également mathématicien, théologien, juriste et diplomate. Sa pensée dans chacun de ces domaines exerça une profonde influence ; respectée de son vivant, l'œuvre de Leibniz, quoiqu'ayant subi la satire de Voltaire, ne cesse pas d'être étudiée aujourd'hui.

Dans *La Justice et le droit,* Leibniz donne une définition univoque de l'amour : l'amour est le fait de se réjouir du bonheur d'autrui. On comprend que cette définition a d'importantes significations morales. Il s'agit en effet pour Leibniz d'interroger la possibilité de l'amour pur, de l'amour désintéressé, c'est-à-dire de la bonté absolue. Pour qu'un tel amour existe, il faut qu'en désirant le bien d'autrui, ce ne soit jamais en même temps mon propre bien que je vise. Telle est la condition de la véritable philanthropie, de l'amour universel ; aimer, c'est se réjouir du bonheur d'autrui.

Ainsi pour Leibniz, la possibilité de l'amour conditionne la possibilité de la justice, de la morale. Cet amour si haut et cette justice, tous deux difficilement accessibles, sont l'apanage de la sagesse. En effet, si l'on définit avec Leibniz la sagesse comme « la science de la félicité », il apparaît que le sage nécessairement aime, puisqu'aimant il fait du bonheur de chacun son propre bonheur.

81.
Une difficile question est résolue, d'une grande importance même en théologie, à savoir comment peut être donné un amour non mercenaire, qui soit séparé de l'espoir et de la crainte et de toute considération d'utilité : à savoir que le bonheur de ceux dont le bonheur nous réjouit, devient une partie de notre propre bonheur, car les choses qui nous plaisent sont recherchées par elles-mêmes.

82.
Nous n'aimons point encore tout à fait purement, quand nous ne cherchons pas le bien de l'objet aimé pour lui-même et parce qu'il nous plaît lui-même, mais à cause d'un avantage qui nous en provient.

83.
L'amour est cet acte ou état actif de l'âme qui nous fait trouver notre plaisir dans la félicité ou satisfaction d'autrui.

84.
Aimer ou estimer est se réjouir du bonheur d'autrui, ou ce qui revient au même faire rentrer la félicité d'autrui dans la sienne.

85.
Lorsqu'on aime sincèrement une personne, on n'y cherche pas son propre profit ni un plaisir détaché de celui de la personne aimée, mais on cherche son plaisir dans le contentement et dans la félicité de cette personne. Et si cette félicité ne plaisait pas en elle-même, mais seulement à cause d'un avantage qui en résulte pour nous, ce ne serait plus un amour sincère et pur.

FRANÇOIS MARIE AROUET (DIT)
VOLTAIRE

1694-1778

VOLTAIRE

Philosophe des Lumières, François Marie Arouet, dit Voltaire, symbole de l'intellectuel engagé, est aussi considéré comme l'un des plus puissants représentants d'un certain esprit de finesse et d'ironie. Mais, plus profondément, la conception de l'amour de Voltaire relève d'une véritable théorie de l'homme et du progrès scientifique et moral.

L'idée de l'amour de Voltaire s'oppose point par point à celle de Jean-Jacques Rousseau qui fut, sur le plan intellectuel, son ennemi juré. Au départ de leur divergence sur la question de l'amour, il faut sans doute placer les conceptions que se font respectivement les deux hommes de la société. Pour Jean-Jacques Rousseau, la vie en société s'oppose à l'état de nature. L'homme n'y cultive que des mœurs corrompues par le luxe, les arts, les agréments. Ces mêmes caractéristiques de la civilisation sont au contraire pour Voltaire, autant de biens qui contribuent au raffinement de l'esprit, des mœurs et des sens.

L'amour pour Voltaire comme pour Rousseau, l'amour-passion et les sentiments sont le fruit de la vie sociale, et étaient inconnus de l'homme à l'état de nature. Ainsi, l'amour n'est pour Rousseau qu'un artifice dangereux. Mais, il est pour Voltaire le signe de la victoire de la délicatesse, de la finesse et de l'imagination sur la barbarie et la grossièreté, de la civilisation subtile sur la rudesse de la nature.

86.
C'est l'amour de nous-mêmes qui assiste l'amour des autres ; c'est par nos besoins mutuels que nous sommes utiles au genre humain.

87.
On nomme hardiment *amour* un caprice
de quelques jours, une liaison sans attachement,
un sentiment sans estime, des simagrées
de sigisbée, une froide habitude, une fantaisie
romanesque, un goût suivi d'un prompt dégoût :
on donne ce nom à mille chimères.

88.
On meurt deux fois, je le vois bien :
Cesser d'aimer et d'être aimable,
C'est une mort insupportable ;
Cesser de vivre ceci ce n'est rien.

89.
Comme les hommes ont reçu le don de perfectionner tout ce que la nature leur accorde, ils ont perfectionné l'amour.

90.
L'imagination aide le cœur. On se plaît encore à table quoiqu'on n'y mange plus.

91.
L'amour.
C'est l'étoffe de la nature que l'imagination a brodée.

VOLTAIRE

92.
L'absence augmente toujours l'amour qui n'est pas satisfait, et la philosophie ne le diminue pas.

JEAN-JACQUES
ROUSSEAU

1712-1778

ROUSSEAU

La conception de l'amour de ce philosophe des Lumières, considéré comme le père spirituel de la Révolution française, mais aussi comme le précurseur du romantisme, est riche de l'amplitude de vue qui nourrit tout à la fois ses essais, traités, romans et *Confessions*. Jean-Jacques Rousseau pourrait en effet sembler avoir des idées contradictoires sur la question de l'amour. C'est plutôt que « le plus grand des moralistes », selon Schopenhauer, avait une connaissance aiguë du cœur humain, qui lui fit envisager toutes les facettes de ce sentiment qui résiste d'ordinaire à l'analyse.

Pour le philosophe, l'amour est d'abord illusion, tromperie, inconstance. Mais, Rousseau, en préromantique, exalte aussi ce sentiment noble qui nous pousse vers nos semblables. Il faut donc distinguer deux sortes d'amour : l'amour physique, qui nous est naturel et qui, pris seul, ne saurait être la cause des maux que nous imputons d'ordinaire à l'amour ; et l'amour dévoyé, corrompu, paré des atours de la coquetterie, qui procède de la superficialité qu'entretient la vie en société. Ce dernier, si puissant toutefois, nous aveugle, nous enchaîne, déchaîne la haine entre les hommes.

Le sentiment amoureux est donc pour Rousseau artificiel. C'est avant tout une passion sociale dangereuse, douloureuse, parce qu'avec la vie sociale, il implique exclusivité et donc jalousie, querelle d'amour-propre, désir de possession.

93.
À force de se voir, on ne peut plus se passer de se voir encore. Un sentiment tendre et doux s'insinue dans l'âme, et par la moindre opposition devient une fureur impétueuse : la jalousie s'éveille avec l'amour ; la discorde triomphe et la plus douce des passions reçoit des sacrifices de sang humain.

94.
Il n'y a donc dans l'homme aucune raison de rechercher la même femme, ni dans la femme aucune raison de rechercher le même homme.

95.
Il est vrai que les tableaux de l'amour font toujours plus d'impression que les maximes de la sagesse.

96.
Dans cette décadence du Théâtre, on se voit contraint d'y substituer aux véritables beautés éclipsées, de petits agréments capables d'en imposer à la multitude. Ne sachant plus nourrir la force du Comique et des caractères, on a renforcé l'intérêt de l'amour.

97.
On se dit, malgré soi, qu'un sentiment si délicieux console de tout. Une si douce image amollit insensiblement le cœur : on prend de la passion ce qui mène au plaisir, on en laisse ce qui tourmente. Personne ne se croit obligé d'être un héros, et c'est ainsi qu'admirant l'amour honnête on se livre à l'amour criminel.

98.
La haine ainsi que l'amour rend crédule.

99.
Je suppose l'amour innocent et libre, ne recevant de lois que de lui-même ; c'est à lui seul qu'il appartient de présider à ses mystères, et de former l'union des personnes, ainsi que celle des cœurs.

100.
La préférence qu'on accorde, on veut l'obtenir ; l'amour doit être réciproque. Pour être aimé, il faut se rendre aimable ; pour être préféré, il faut se rendre plus aimable qu'un autre, plus aimable que tout autre, au moins aux yeux de l'objet aimé. De là les premiers regards sur ses semblables ; de là les premières comparaisons avec eux, de là l'émulation, les rivalités, la jalousie.

101.
Parmi les passions qui agitent le cœur de l'homme, il en est une ardente, impétueuse, qui rend un sexe nécessaire à l'autre, passion terrible qui brave tous les dangers, renverse tous les obstacles, et qui dans ses fureurs semble propre à détruire le genre humain qu'elle est destinée à conserver. Que deviendront les hommes en proie à cette rage effrénée et brutale, sans pudeur, sans retenue, et se disputant chaque jour leurs amours au prix de leur sang ?

102.
Le physique est ce désir général qui porte un sexe à s'unir à l'autre ; le moral est ce qui détermine ce désir et le fixe sur un seul objet exclusivement, ou qui du moins lui donne pour cet objet préféré un plus grand degré d'énergie.

103.
Qu'un homme insulte à la pudeur du sexe, et attente avec violence aux charmes d'un jeune objet qui ne sent rien pour lui ; sa grossièreté n'est point passionnée, elle est outrageante ; elle annonce une âme sans mœurs, sans délicatesse, incapable à la fois d'amour et d'honnêteté. Le plus grand prix des plaisirs est dans le cœur qui les donne :
un véritable amant ne trouverait que douleur, rage, et désespoir dans la possession même de ce qu'il aime, s'il croyait n'en point être aimé.

104.
Un cœur plein d'un sentiment qui déborde aime à s'épancher : du besoin d'une maîtresse naît bientôt celui d'un ami. Celui qui sent combien il est doux d'être aimé voudrait l'être de tout le monde, et tous ne sauraient vouloir des préférences, qu'il n'y ait beaucoup de mécontents. Avec l'amour et l'amitié naissent les dissensions, l'inimitié, la haine.

105.
Et qu'est-ce que le véritable amour lui-même,
si ce n'est chimère, mensonge, illusion ?
On aime bien plus l'image qu'on se fait que l'objet
auquel on l'applique. Si l'on voyait ce qu'on aime
exactement tel qu'il est, il n'y aurait plus d'amour
sur la terre. Quand on cesse d'aimer, la personne
qu'on aimait reste la même qu'auparavant,
mais on ne la voit plus la même ; le voile du prestige
tombe, et l'amour s'évanouit.

CHARLES
FOURIER

1772–1837

FOURIER

Ce philosophe français, quoique légèrement en marge de la tradition, eut une influence profonde grâce à l'originalité et à la radicalité de ses thèses politiques. Marx et Engels le qualifieront de « socialiste critico-utopique ». Sa conception de l'amour est étroitement liée à cette volonté d'établir les conditions d'un véritable bouleversement social. Dans sa théorie dite de l'*Attraction passionnée*, Fourier montre comment une organisation sociale articulée sur les passions humaines est le seul moyen de parvenir à l'harmonie universelle.

L'amour et le désir sont pour Fourier au fondement de l'existence. En outre, le travail, la morale et l'assujettissement des femmes sont autant de moyens de répression de l'amour et du désir, et la véritable source de la souffrance et du vice. Fourier inverse donc les arguments traditionnels qui font de l'amour la source de dérèglements, de violences et d'erreurs.

Il conçoit dès lors de façon extrêmement précise l'organisation d'une société plus juste, affranchie de la morale et du travail, entièrement ordonnée autour de la recherche du libre déploiement des passions. Cette conception fit de lui l'un des précurseurs les plus importants du féminisme, le promoteur d'idées alors tout à fait innovantes – comme la crèche –, devant à la fois assurer la libération de la femme, le développement des passions et le progrès social.

106.
On ne doit jamais blâmer les passions des individus, mais blâmer seulement la civilisation, qui n'ouvrant aux passions que les routes du vice pour se satisfaire, force l'homme à pratiquer le vice pour arriver à la fortune, sans laquelle il n'est point de bonheur.

107.
Pour nous étourdir sur l'inconvenance évidente du mariage avec les passions, la philosophie nous prêche le fatalisme ; elle répand que nous sommes destinés en cette vie aux tribulations, qu'il faut savoir se résigner, etc. Point du tout ; il ne faut qu'inventer un nouveau mode de société domestique, accommodé au vœu des passions, et c'est ce qu'on n'a jamais ni cherché ni proposé.

108.
Si l'on compare l'immensité de nos désirs avec le peu de moyens que nous avons de les satisfaire, il semble que Dieu ait agi inconsidérément en nous donnant des passions si avides de jouissances ; des passions qui semblent créées pour nous harceler, en excitant mille fantaisies dont nous ne pouvons pas satisfaire la dixième partie pendant la durée de l'ordre civilisé.

109.
Le bonheur de l'homme, en amour, se proportionne à la liberté dont jouissent les femmes.

110.
Ne savent-ils pas par eux-mêmes que la fidélité perpétuelle en amour est contraire à la nature humaine ? Que si l'on peut amener à de telles mœurs quelques benêts de l'un et l'autre sexe, on n'y réduira jamais la masse des hommes ni des femmes.

111.
Le sexe masculin, quoique le plus fort, n'a pas fait la loi à son avantage, en établissant les ménages isolés et le mariage permanent qui en est une suite. On dirait qu'un tel ordre est l'œuvre d'un troisième sexe qui aurait voulu condamner les deux autres à l'ennui ; pouvait-il inventer mieux que le ménage isolé et le mariage permanent, pour établir la langueur, la vénalité, la perfidie, dans les relations d'amour et de plaisir ?

112.

On n'ignore pas que l'esprit conjugal opère une ligue des époux contre tout ce qui les entoure, qu'il étouffe les passions nobles et les idées libérales ; de là vient que la classe des gens mariés est toujours la plus astucieuse, la plus indifférente aux malheurs publics ou particuliers ; et leur esprit antisocial est si bien reconnu qu'on croit faire un grand éloge d'un homme en disant : le mariage ne l'a point changé, il a conservé le caractère aimable d'un garçon.

113.
En dépit de tous les systèmes des moralistes,
le bonheur n'est point dans nos ménages ;
un cri universel s'élève contre les ennuis attachés
à ce genre de vie, et ce sont les hommes qui s'en
plaignent, eux qui ont fait la loi, et qui ont dû la
faire à leur avantage. Que diraient donc les femmes
si elles avaient le droit de se plaindre ?

114.
En thèse générale : les progrès sociaux et
changements de période s'opèrent en raison
du progrès des femmes vers la liberté ;
et les décadences d'ordre social s'opèrent en raison
du décroissement de la liberté des femmes.

115.
Le bonheur, sur lequel on a tant raisonné ou plutôt tant déraisonné, consiste à avoir beaucoup de passions et beaucoup de moyens de les satisfaire.
Nous avons peu de passions et des moyens à peine suffisants pour en satisfaire le quart.

HENRI BEYLE (DIT)
STENDHAL

1783-1842

STENDHAL

Accordons à Stendhal, dans l'espace de ce livre sur l'amour, le statut de philosophe. *De l'amour*, écrit en 1822, s'apparente à un essai, de l'aveu même du romancier français. Stendhal tente d'y expliquer sans complaisance le phénomène amoureux. Il y déploie surtout une analyse des diverses étapes de l'amour à travers le concept de cristallisation, qui rend compte des mécanismes psychologiques du phénomène amoureux.

L'amour est pour Stendhal du côté de l'illusion, de l'irrationnel. Mais pour cet observateur des passions humaines, cette sentence ne vaut pas condamnation, car rien n'est à ses yeux plus intéressant que l'amour, du moins l'amour-passion. L'amour-passion, en effet, se moque du ridicule et se défait de la vanité. Seul amour sincère, il est aussi le seul véritable. L'amour-goût, que Stendhal lui oppose, est au contraire raisonnable et conserve à l'amant sa clairvoyance et son sens des conventions. Romantique au point de vue littéraire, il a en philosophe une conception idéaliste de l'amour, qui tend à séparer radicalement l'âme et le corps. L'amour pour Stendhal est exclusif, il transporte l'amant au-delà de lui-même dans l'imaginaire, vers un aimé lui-même métamorphosé par l'imagination.

Idéaliste, sa conception de l'amour est donc également esthétique, l'amant comme l'artiste est du côté de l'image, de l'idée. « Tout est *signe* en amour », assurément cette conception annonce déjà peut-être la pensée de Roland Barthes.

116.
Il n'y a qu'une loi en sentiment, c'est de faire le bonheur de ce qu'on aime.

117.
L'amour est la seule passion qui se paie d'une monnaie qu'elle fabrique elle-même.

118.
Les plus petites choses suffisent, car tout est *signe* en amour.

119.
Plus il entre de plaisir physique dans la base d'un amour, dans ce qui autrefois détermina l'intimité, plus il est sujet à l'inconstance et surtout à l'infidélité.

120.
Ce que j'appelle cristallisation, c'est l'opération de l'esprit, qui tire de tout ce qui se présente la découverte que l'objet aimé a de nouvelles perfections.

121.
Aimer, c'est avoir du plaisir à voir, toucher, sentir par tous les sens, et d'aussi près que possible un objet aimable et qui nous aime.

122.
Tandis que l'amour-passion nous emporte au travers de tous nos intérêts, l'amour-goût sait s'y conformer.

STENDHAL

123.
Ce qui rend la douleur
de la jalousie si aiguë,
c'est que la vanité ne peut
aider à la supporter.

124.
Un homme passionné voit toutes les perfections
dans ce qu'il aime.

SCHOPENHAUER

Ce philosophe allemand est connu pour l'extrême pessimisme de sa vision du monde, développée notamment dans *Le Monde comme volonté et comme représentation*. S'opposant aux conceptions de Platon ou de Spinoza, qu'il juge naïves, Schopenhauer peut apparaître comme le grand pourfendeur de l'amour, comme son ennemi le plus radical.

En affirmant que les impératifs de la vie biologique sont au cœur de ce que nous idéalisons sous le nom d'amour, Schopenhauer s'inscrit comme le prédécesseur de la conception freudienne, de l'aveu même du célèbre inventeur de la psychanalyse. L'amour se présente comme le piège de l'instinct sexuel. Il n'est que le vêtement chatoyant que revêt l'instinct pour parvenir à sa fin : la perpétuation de l'espèce. L'amour ainsi n'est nullement une fin en soi et n'est pas non plus l'expression de la liberté des individus.

Mais si l'amour n'est qu'une manœuvre de l'instinct, comment expliquer le coup de foudre, comment expliquer la force de la passion amoureuse qui pousse parfois les hommes à la mort ? Comment expliquer encore que nous élisions telle ou telle personne plutôt qu'une autre ? Si la seule fin est la perpétuation de l'espèce, pourquoi sommes-nous si attentifs à la singularité de la personne que nous aimons ? Schopenhauer voit dans le choix amoureux une ruse supplémentaire de l'instinct qui détermine ainsi, dans des possibilités infinies, les unions les mieux capables d'engendrer une progéniture viable et harmonieuse.

125.
Toute passion, en effet, quelque apparence éthérée qu'elle se donne, a sa racine dans l'instinct sexuel, ou même n'est pas autre chose qu'un instinct sexuel plus nettement déterminé, spécialisé ou, au sens exact du mot, individualisé.

126.
L'instinct sexuel, bien qu'au fond pur besoin subjectif, sait très habilement prendre le masque d'une admiration objective et donner ainsi le change à la conscience ; car la nature a besoin de ce stratagème pour arriver à ses fins.

127.
La passion amoureuse contrariée n'est pas seule à avoir parfois une issue tragique : la passion satisfaite mène aussi plus souvent au malheur qu'au bonheur ; car les prétentions de la passion sont si souvent en collision avec le bien-être personnel de l'intéressé qu'elles le minent, et qu'inconciliables avec les autres conditions, elles renversent le plan de vie construit sur cette base.

128.
La nature ne peut atteindre son but qu'en faisant naître chez l'individu une certaine illusion, à la faveur de laquelle il regarde comme un avantage personnel ce qui en réalité n'en est un que pour l'espèce, si bien que c'est pour l'espèce qu'il travaille quand il s'imagine travailler pour lui-même ; il ne fait alors que poursuivre une chimère qui voltige devant ses yeux, destinée à s'évanouir aussitôt après, et qui tient lieu d'un motif réel.

129.

Une passion est d'un degré d'autant plus élevé qu'elle est plus individualisée, c'est-à-dire que l'individu aimé, par sa constitution et ses qualités, est plus exclusivement propre à satisfaire les désirs de l'être aimant et les besoins que lui crée sa propre individualité.

130.

Les amants parlent en termes pathétiques de l'harmonie de leurs âmes ; mais cette harmonie n'est autre chose en fin de compte, comme nous l'avons démontré, que cette convenance réciproque de leurs natures capable d'assurer la perfection de l'être à engendrer.

SCHOPENHAUER

131.
La procréation de tel enfant déterminé, voilà le but véritable, quoiqu'ignoré des acteurs, de tout roman d'amour : les moyens et la façon d'y atteindre sont chose accessoire.

MILL

John Stuart Mill, auteur des *Principes d'économie politique* et du *Système de logique déductive et inductive*, n'est guère connu en France en dépit de l'importance de ses travaux de philosophie politique et économique, dans lesquels il défend un libéralisme économique et une morale de l'intérêt général. Ce philosophe anglais est aussi l'auteur d'un essai intitulé *De l'assujettissement des femmes*, dans lequel il fait preuve d'un féminisme authentique et précurseur.

Ce féminisme se fonde sur l'exceptionnelle expérience que Mill eut de l'amour. Dans *Mes mémoires. Histoire de ma vie et de mes idées*, il revient sur la place de sa femme, Harriet Taylor, dans le développement de son œuvre philosophique. Il fait ainsi l'éloge des capacités intellectuelles de la femme, équivalentes à celle de l'homme, quoique toujours méconnues. Il fait surtout l'éloge des vertus de l'amour véritable qui, lorsqu'il unit deux âmes dans la quête d'un but commun, élève d'autant les capacités de chacune. Mill affirma ainsi que « toutes mes publications furent tout autant les œuvres de ma femme que les miennes ».

L'amour est ainsi perçu par Mill comme une association qui ne saurait avoir d'autres bases que la sympathie mutuelle, qu'une parfaite égalité et qu'une communauté d'intérêts puissants. À ces conditions, l'amour augmente les capacités de chacun. Il peut être cet enrichissement mutuel qui accroît les goûts, les forces, les désirs et la puissance des amants.

132.
Quand chacun des époux rivalise avec l'autre, désire d'acquérir les qualités particulières qui lui manquent, et y fait des efforts, la différence qui subsiste entre eux ne produit pas une diversité d'intérêts, mais elle rend l'identité d'intérêt plus parfaite, et grandit le rôle que chacun d'eux joue dans le bonheur de l'autre.

133.
Pour ceux qui n'ont pas d'affections privées ou publiques, le mouvement de la vie a moins d'attrait et dans beaucoup de cas diminue encore la valeur quand approche la mort qui met un terme à tous les intérêts égoïstes. Au contraire, ceux qui doivent laisser derrière eux des affections personnelles, ceux qui ont cultivé l'amitié ou l'amour plus général des hommes, conservent jusqu'à la mort l'intérêt qu'ils prenaient à la vie dans toute la vigueur de leur jeunesse et de leur santé.

134.
Le sentiment de la liberté tel qu'il peut exister chez un homme qui fait reposer ses affections les plus vives sur les êtres dont il est le maître absolu, n'est pas l'amour véritable.

135.
On stimule bien les penchants amoureux des hommes, mais on ne prépare pas le bonheur conjugal, en exagérant par des différences d'éducations celles qui peuvent résulter naturellement de la différence des sexes.

136.
Toute compagnie qui n'élève pas rabaisse ; et plus elle est intime et familière, plus elle a ce résultat.

SØREN
KIERKEGAARD
1813-1855

KIERKEGAARD

L'œuvre de ce philosophe danois, qui s'inscrit dans une perspective existentielle, suscita la vive admiration des philosophes français contemporains, tels Deleuze ou Derrida en particulier. La vie même du philosophe nourrit sa réflexion sur l'amour. Après un an de fiançailles avec Régine Olsen, Kierkegaard rompit son engagement. Il ne cessa pourtant de l'aimer et de lui être fidèle ; il en fit la légataire universelle de son œuvre.

Le philosophe publia sous de nombreux pseudonymes, et sous chacun d'entre eux se déploie sans doute une conception différente de l'amour. Car il y a autant d'existences que d'amours possibles. Kierkegaard distingue ainsi trois modes existentiels principaux. On peut parler d'abord de l'existence esthétique vouée au plaisir et à la jouissance : c'est l'amour de Don Juan dans le *Journal du séducteur*. Puis du stade de l'existence éthique, où conscient de lui-même, l'homme réalise dans le mariage l'amitié et la concorde : c'est l'amour de *La Reprise*, l'amour pour Régine Olsen. Enfin, il faut distinguer l'existence religieuse du *Traité du désespoir*, où dans la foi qui est l'amour de Dieu, l'amour est aussi amour du prochain.

Ainsi, les amours de Kierkegaard restent multiples, et le ton d'un pessimisme ironique ou désespéré. Car cette diversité de l'amour est toujours un drame : il est impossible à l'homme de réconcilier ces amours multiples, amour de soi et amour de l'autre, amour de Dieu et amour des hommes, amour d'un seul et amour pour tous.

137.
L'homme seul en tant qu'individu découvre qu'il a une sexualité là où l'animal ne fait que se reproduire.

138.
La tâche consiste à conserver l'amour dans le temps. Si cela est impossible, alors l'amour est également une impossibilité.

139.
L'amour conjugal mène son combat dans le temps, trouve sa victoire dans le temps, sa bénédiction dans le temps.

140.
L'amour malheureux est la plus haute forme de l'amour.

141.
Pour aimer quelqu'un, il faut vouloir aimer sous le sceau de l'amour divin.

142.
Qu'aime l'amour ?
L'infinité.
Que craint l'amour ?
Des bornes.

143.
Qu'est-ce en effet qui relie le temporel et l'éternité, qu'est-ce d'autre que l'amour, qui donc est avant toutes choses et demeure quand toutes sont passées ?

144.
C'est précisément parce que l'amour est un lien à l'éternité et précisément parce que la temporalité et l'éternité sont hétérogènes que l'amour peut apparaître comme un fardeau à la sagesse terrestre de la temporalité et que, dans la temporalité, cela peut apparaître à l'être sensible un immense soulagement de rejeter ce lien de l'éternité à soi-même.

NIETZSCHE

Il est bien difficile de lire l'œuvre de Friedrich Nietzsche, mal connue et souvent réduite à de fausses interprétations. Pour comprendre l'idée que Nietzsche se fait de l'amour, il faut revenir sur son projet fondamental de penser « par-delà bien et mal ». Et si on peut lire dans l'œuvre de Nietzsche une affirmation de la différence des sexes, qui le fait le plus souvent l'ennemi du féminisme, il faut comprendre que pour le philosophe, l'amour et la guerre des sexes n'en demeurent pas moins comme une force à affirmer.

L'amour en effet est d'abord pulsion, sensualité sublimée. Mais cela ne signifie pas, comme pour Schopenhauer, que l'amour doive ainsi apparaître comme une illusion superfétatoire par laquelle l'homme se méconnaît lui-même. Au contraire, ce sont les critiques généralement faites à l'amour, qui méritent d'être supprimées comme autant de tentatives de l'avilir, de le culpabiliser et de l'affaiblir. L'amour étant fondamentalement pulsion, il est au service de la vie, affirmation de la vie même ; ces critiques sont donc mortifères.

Certes, l'amour est immoral, il relève d'un jeu parfois guerrier des pulsions, qui se fait en deçà de nos systèmes de valeur. L'amour cependant peut encore être sublimé dans l'amitié, quand cessant d'être à lui-même sa propre fin, il réunit les amants dans un idéal ou un but commun. Le plus haut amour n'en reste pas moins pour Nietzsche, l'amour de la vie, cette vie qui affirme aussi l'amour des amants par-delà la morale.

145.
Dans la plupart des amours, il y en a un qui joue et un autre qui est joué. Cupidon est avant tout un petit régisseur de théâtre.

146.
Le christianisme a fait boire du poison à Éros ; il n'en est pas mort, mais il est devenu vicieux.

147.
Il y a bien çà et là sur terre une espèce de prolongement de l'amour dans lequel cette aspiration avide qu'éprouvent deux personnes l'une pour l'autre fait place à un désir et à une convoitise nouvelle, à une soif supérieure et commune d'idéal qui les dépasse : mais qui connaît cet amour ? Qui l'a vécu ? Son véritable nom est « amitié ».

148.
Il faut avoir une solide assiette, il faut se tenir bravement sur ses deux jambes pour être capable d'aimer.

149.
A-t-on bien compris ma définition de l'amour ? C'est la seule digne d'un philosophe.
L'amour ? Une guerre quant aux moyens ; quant à l'essence : la haine mortelle des sexes.

150.
Pour deux amants, au sens entier et fort du mot, la satisfaction sexuelle n'est justement pas chose essentielle, elle est seulement authentiquement symbole.

151.
Ce que l'on fait par Amour s'accomplit toujours par-delà le bien et le mal.

152.
Mépriser la vie sexuelle, la souiller par l'idée de « souillure », c'est le vrai crime de lèse-existence, le vrai péché contre le « Saint-Esprit de la Vie ».

153.
Qu'est-ce que l'amour, sinon comprendre et se réjouir que quelqu'un d'autre vit, agit et sent d'une façon différente de la nôtre et opposée à celle-ci ? Pour que l'amour unisse les contraires dans la joie, il ne faut pas qu'il le supprime ou le nie.

154.
Les sexes se trompent mutuellement : cela tient à ce qu'ils n'aiment et n'estiment au fond qu'eux-mêmes (ou leur propre idéal, pour m'exprimer d'une manière plus flatteuse).

155.
L'amour d'un seul est une barbarie, car il s'exerce aux dépens de tous les autres. De même l'amour de Dieu.

156.
Nous aimons en fin de compte nos désirs, et non ce que nous désirons.

FREUD

On pourrait croire que l'amour n'est guère le problème essentiel du célèbre père de la psychanalyse dont on pense, à tort, qu'il le réduirait à la sexualité. L'amour est au centre de la préoccupation freudienne et ne peut être réduite à la sexualité comprise comme génitalité. Le terme de « psychosexualité », comme domaine d'étude de la psychanalyse, illustre bien d'ailleurs l'importance de la dimension psychique de la sexualité chez Freud.

Le terme « amour » en effet recouvre différentes acceptions : il convient pour parler des sentiments tendres et amicaux comme pour désigner des pulsions proprement sexuelles. C'est que les sentiments tendres, qui constituent ce qu'on appelle d'ordinaire l'amour par opposition à la simple sexualité, ne sont à l'origine que des tendances sexuelles, mais inhibées, refoulées. C'est de cette inhibition que naît l'amour au sens commun. Ce que nous appelons amour n'est ainsi que le résultat d'une idéalisation, d'une sublimation de tendances sexuelles.

La théorie freudienne de l'amour implique dès lors une réflexion sur la vie en société, sur la culture. C'est la vie en société qui, en frappant d'interdiction certaines tendances sexuelles, les frustrant, fait naître en l'homme l'idée et le sentiment idéalisé de l'amour. Si l'amour, sublimation, idéalisation, nous masque la réalité de nos pulsions, il n'en reste pas moins que l'amour selon Freud ne saurait se réduire pour le genre humain à la réalisation de tendances sexuelles. Il doit culminer dans l'union des pulsions et des sentiments tendres.

157.
Lorsque les tendances sensuelles se trouvent plus ou moins efficacement refoulées ou réprimées, on voit naître l'illusion que l'objet est aussi aimé sensuellement, à cause de ses qualités psychiques, alors que très souvent c'est au contraire sous l'influence du plaisir sensuel qu'il procure qu'on lui attribue ses qualités psychiques.

158.
Les tendances dirigées vers la satisfaction sexuelle directe peuvent subir une répression complète, comme c'est souvent le cas dans l'amour poétique de l'adolescent ; le moi devient de moins en moins exigeant, de plus en plus modeste, tandis que l'objet devient de plus en plus magnifique et précieux, attire sur lui tout l'amour que le moi pouvait éprouver pour lui-même, ce qui peut avoir pour conséquence naturelle le sacrifice complet du moi.

159.
Si j'aime un autre être, il doit le mériter à un titre quelconque. Il mérite mon amour lorsque par des aspects importants il me ressemble à tel point que je peux en lui m'aimer moi-même. Il le mérite s'il est tellement plus parfait que moi qu'il m'offre la possibilité d'aimer en lui mon propre idéal.

160.
Il est toujours possible d'unir les uns aux autres par les liens de l'amour une plus grande masse d'hommes, à la seule condition qu'il en reste d'autres en dehors d'elle pour recevoir les coups.

161.
Nous ne sommes jamais aussi mal protégés contre la souffrance que lorsque nous aimons, jamais plus irrémédiablement malheureux que si nous avons perdu la personne aimée ou son amour.

162.
Je ne veux pas laisser passer l'occasion de dire encore une fois combien je trouve étonnant que les hommes puissent accomplir des fragments si importants et si significatifs de leur vie amoureuse sans en remarquer grand-chose, parfois même sans en avoir le moindre soupçon, ou que lorsque la chose parvient à leur conscience ils se trompent si radicalement dans le jugement qu'ils portent en elle.

163.
Dans les grandes foules conventionnelles, telles que l'Église et l'Armée, il n'y a pas place pour la femme, en tant qu'objet sexuel. Les rapports amoureux entre homme et femme restent en dehors de ces organisations.

164.
On peut dire que la névrose est pour la foule un facteur de décomposition, au même degré que l'amour.

165.
On aime l'objet pour les perfections qu'on souhaite à son propre moi et on cherche par ce détour à satisfaire son propre narcissisme.

166.
Dans tout état amoureux, on trouve une tendance à l'humiliation, à la limitation du narcissisme, à l'effacement devant la personne aimée : dans les cas extrêmes, ces traits se trouvent seulement exagérés et, après la disparition des exigences sensuelles, ils dominent seuls la scène.

167.
Dans le développement de l'humanité,
comme dans celui de l'individu, c'est l'amour
qui s'est révélé le principal, sinon le seul facteur
de civilisation, en déterminant le passage de
l'égoïsme à l'altruisme. Et cela est vrai aussi bien
de l'amour sexuel pour la femme, avec toutes
les nécessités qui en découlent de ménager
ce qui lui est cher, que de l'amour désexualisé,
homosexuel et sublimé pour d'autres hommes
qui naît du travail commun.

168.
Il est incontestable que l'amour sexuel joue
dans la vie un rôle immense et la conjonction, dans
les joies amoureuses, de satisfactions psychiques
et physiques constitue l'un des points culminants
de cette jouissance. En dehors de quelques
fanatiques toqués, tous les êtres humains le savent
et conforment leur vie à cette notion.

169.
Dans l'aveuglement amoureux,
on devient criminel sans remords.
Toute la situation peut être résumée
dans cette formule : l'objet *a pris
la place de ce qui était l'idéal du moi.*

170.
Ce que je vais dire est déplaisant à entendre
et au surplus paradoxal : pour être, dans la vie
amoureuse, vraiment libre, et par là, heureux,
il faut avoir surmonté le respect pour la femme
et s'être familiarisé avec la représentation
de l'inceste avec la mère ou la sœur.

171.
Au plus fort de l'état amoureux, la démarcation
entre le Moi et l'objet court le risque de s'effacer.

GEORG
SIMMEL
1858-1918

SIMMEL

Sociologue et philosophe allemand, Georg Simmel est reconnu comme l'un des pionniers de la sociologie classique. Dans ses études, il accorda notamment une place importante à la « sociologie de la vie quotidienne ». Il procéda ainsi à diverses études de « psychologie sociale » consacrées, entre autres, aux rapports de l'amour et de l'argent, à la question de la prostitution, ou encore à la coquetterie féminine.

Sa conception philosophique de l'amour s'oppose notamment à celles de Platon et de Schopenhauer. L'amour pour Simmel n'a d'autre fin que lui-même et ne se réduit pas à l'instinct de procréation ni à la question de la survie de l'espèce. Si l'amour reste difficile à expliquer, son mystère seul nous permet d'approcher son essence. L'amour n'est pas simplement sentiment, ni seulement sexualité, il est peut-être ce qui rend possible la conjonction de ces deux courants. Portant la totalité de la personne vers la totalité de l'autre, l'amour révèle la nature érotique de l'homme, c'est-à-dire une tendance qui distingue l'homme de l'animal, qui le place du côté de la culture plus que du côté de la nature.

L'amour est donc autre chose qu'une simple ruse de la nature dont la finalité serait la procréation et la perpétuation de l'espèce. Semblable en cela à l'art et à la religion, l'amour qui vient de la vie a son origine dans la nécessité biologique, mais se développe au-delà de la vie. Il accomplit donc la vie au-delà d'elle-même.

172.
C'est même ici, semble-t-il, le secret de l'érotique sexuelle, qu'on aime aussi le corps de l'autre en ce sens-là, qu'on ne se contente pas de le désirer et de le contempler d'un point de vue esthétique.

173.
L'amour est le sentiment qui, en dehors des sentiments religieux, se lie le plus étroitement et le plus inconditionnellement à son objet.

174.
Ce que l'amour assurément refuse totalement, c'est l'intérêt pour la reproduction de l'espèce.

175.
Le miracle de l'amour, c'est justement de ne pas abolir l'être-pour-soi ni du je ni du tu, d'en faire même la condition qui permet cette suppression de la distance, ce retour égoïste sur soi-même du vouloir-vivre.

176.
L'amour relève du tragique à l'état pur, il s'enflamme seulement au contact de l'individualité, et il se brise sur l'impossibilité de surmonter l'individualité.

177.
Seul l'être qui aime est un esprit réellement libre. Car seul il affronte chaque phénomène avec cette capacité ou cette propension à l'accueillir, à l'apprécier pour ce qu'il est, à en ressentir pleinement toutes les valeurs, – qui n'est limitée par rien d'antérieur ou de préétabli.

178.
C'est justement d'être à deux qu'on est seul : car on est alors séparé, on est « vis-à-vis », on est l'autre.

179.
L'amour malheureux – comme l'usage veut qu'on dise – est une expression tout à fait erronée. L'amour sans réponse rend l'amoureux malheureux, mais il n'y a en lui-même aucun malheur.

HENRI
BERGSON
1859-1941

BERGSON

Le poète Charles Péguy dit de ce philosophe français, prix Nobel de littérature en 1927, qu'« il fut celui qui réintroduit la vie spirituelle dans le monde ». Henri Bergson, en effet, en s'appuyant sur les travaux modernes de la psychologie, ouvrit à la philosophie des voies nouvelles. Ainsi, en tâchant d'analyser les ressorts du sentiment d'amour, Bergson, contre la tradition philosophique, en montre le caractère artificiel.

S'il existe un « amour naturel », celui-ci n'a rien de commun avec le sentiment que nous associons aujourd'hui au terme d'amour. Ce dernier n'est qu'une création de l'homme et, plus précisément, une création des mystiques religieux. L'amour intersubjectif n'est en quelque sorte qu'un décalque, de l'amour de Dieu. Dieu est amour pour Bergson et c'est dans Dieu que nous trouvons le modèle de tout amour.

Ceci est attesté par le fait que l'amour est une émotion qui est fondamentalement indépendante de son objet ; il est ainsi bien normal que lorsque nous aimons nous nous illusionnions sur les qualités de l'objet aimé. De ce fait, l'amour tel que nous le concevons généralement, tel que nous l'éprouvons quand nous croyons le vivre à travers autrui, ne peut qu'être une source de déception. Ce que nous éprouvons dans l'amour ne peut se satisfaire qu'en prenant Dieu comme objet. Entre la joie et la force que nous voulons trouver dans l'amour, et la déception et le malheur que nous éprouvons effectivement, l'écart est le même qui sépare le divin et l'humain.

180.
Ce n'est pas en prêchant l'amour du prochain qu'on l'obtient.

181.

Une énergie créatrice qui serait amour, et qui voudrait tirer d'elle-même des êtres dignes d'être aimés, pourrait semer ainsi des mondes dont la matérialité, en tant qu'opposée à la spiritualité divine, exprimerait simplement la distinction entre ce qui est créé et ce qui crée, entre les notes juxtaposées de la symphonie et l'émotion indivisible qui les a laissées tomber hors d'elle.

182.

Plus, d'ailleurs, l'amour confine à l'adoration, plus grande est la disproportion entre l'émotion et l'objet, plus profonde par conséquent la déception à laquelle l'amoureux s'expose, – à moins qu'il ne s'astreigne indéfiniment à voir l'objet à travers l'émotion, à n'y pas toucher, à le traiter religieusement.

183.
Quand on reproche au mysticisme de s'exprimer à la manière de la passion amoureuse, on oublie que c'est l'amour qui avait commencé par plagier la mystique, qui lui avait emprunté sa ferveur, ses élans, ses extases ; en utilisant le langage d'une passion qu'elle avait transfigurée, la mystique n'a fait que reprendre son bien.

184.
Telle musique sublime exprime l'amour. Ce n'est pourtant l'amour de personne. Une autre musique sera un autre amour. Il y aura là deux atmosphères de sentiment distinctes, deux parfums différents, et dans les deux cas l'amour sera qualifié par son essence, non par son objet.

185.
*Laissez faire Vénus,
elle vous amènera Mars.*

BERTRAND
RUSSELL
1872-1970

RUSSELL

Bertrand Russell fut un mathématicien, logicien, philosophe et moraliste britannique. Il peut être considéré comme l'un des philosophes les plus importants du XXe siècle, tant pour son apport à la philosophie des sciences que pour son engagement social et moral, pour lequel on le surnomma « le Voltaire anglais ». Son œuvre fut couronnée par le prix Nobel en 1950.

En 1932, Russell publia *Le Mariage et la morale* qui fit scandale. Le philosophe y élabore une critique de la morale et du mariage pesant sur la libre sexualité. L'ouvrage lui valut notamment d'être interdit d'enseignement aux États-Unis. Russell y développe une conception de l'amour s'inscrivant dans le sillage de Freud et prône le « libre épanouissement » de l'amour, la polygamie. Ce texte de Russell vise surtout à démontrer que les conventions sociales, les tabous et les interdits qui pèsent sur l'amour, n'ont d'autres effets que de pousser les hommes aux vices et de créer du dégoût, de la méfiance et de la haine pour l'homme lui-même.

Car l'amour est naturel à l'homme. Non pas seulement dans sa part sensuelle, mais dans l'union même des composantes affectives, intellectuelles et sexuelles dans la fusion desquelles il culmine. Non seulement il est un bonheur pour celui qui l'éprouve, mais il permet aussi de transgresser les limites de l'individualisme, d'accroître le contenu et la force de la personnalité, et il est une source féconde de rencontres entre l'homme et le monde.

186.
L'amour et la jalousie sont tous deux des sentiments instinctifs, mais la religion a décrété que la jalousie est un sentiment vertueux auquel la collectivité doit prêter son appui, tandis que l'amour est à peine excusable.

187.
L'amour entre les deux sexes a été ainsi détruit par le souci d'assurer la légitimité des enfants. Ce n'est pas l'amour seul qui en pâtit, c'est toute la contribution féminine à la civilisation qui s'est trouvée avortée de ce fait.

188.
Il y a trois activités irrationnelles dans la vie : la religion, la guerre et l'amour. Mais l'amour n'est pas antirationnel, en ce sens qu'un homme raisonnable peut trouver à se réjouir de son existence.

189.
*L'amour ne peut s'épanouir que
s'il reste libre et spontané. Nous dire que
c'est notre devoir d'aimer telle personne,
c'est le moyen le plus sûr de nous
la faire haïr.*

190.
L'amour poétique dépend d'un équilibre
très délicat entre la convention morale et la liberté
et n'a nulle chance d'exister là où cet équilibre
est détruit aux dépens de l'une ou de l'autre.

191.
L'amour est un des éléments les plus importants
de la vie humaine et, pour moi, tout système social
est défectueux qui vient à l'encontre de son libre
épanouissement.

LA PHILOSOPHIE DE L'AMOUR

192.
L'Église fit ce qu'elle put pour
que la seule forme de sexualité admise
entraînât très peu de plaisir et
beaucoup de souffrance.

193.
Si l'art doit renaître après l'américanisation
du monde, il faudra que les moralistes deviennent
moins moraux et les immoralistes moins immoraux,
il faudra en un mot que les plus hautes valeurs
qui forment le contenu de l'amour et la possibilité
du bonheur d'aimer aient plus de prix qu'un
compte en banque.

194.
Là où l'amour est opprimé, il ne reste plus
que le travail et un évangile du travail n'a jamais
donné aucun travail qui valût la peine d'être fait.

195.
Comme la poursuite du savoir est un des plus
précieux éléments de la nature humaine,
une part considérable de l'activité humaine est
soustraite à la domination de la sexualité.

196.

L'amour charnel est un besoin naturel de l'homme au même titre que le boire et le manger.

197.
Dans le monde moderne cependant, l'amour a un autre ennemi plus redoutable que la religion, c'est l'évangile de travail et de prospérité économique.

198.
Sans doute est-il fou de sacrifier entièrement sa carrière à l'amour, quoique cela puisse paraître héroïque. Mais il est aussi fou de sacrifier l'amour à sa carrière. C'est pourtant ce qui se produit nécessairement dans une société complètement organisée sur le principe de la course universelle à l'argent.

199.
Le défaut de satisfaction sexuelle chez l'homme et la femme tourne à la haine des hommes, sous le masque de la sociabilité et de l'élévation morale.

200.
Il est un obstacle plus proprement psychologique au développement intégral de l'amour dans le monde moderne. C'est la crainte qu'ont beaucoup de gens de risquer et de compromettre leur individualité.

201.
L'amour de l'homme et de la femme constitue l'élément essentiel de la vie de l'humanité. En dégradant l'amour sexuel, la morale conventionnelle a cru exalter l'amour paternel et maternel. L'amour des parents pour les enfants qui sont le fruit de l'amour sexuel a souffert de cette dégradation.

KARL
JASPERS
1883-1969

JASPERS

Psychiatre, théologien et philosophe allemand, Karl Jaspers, influencé par Nietzsche et Kierkegaard, est considéré comme l'un des principaux représentants de l'existentialisme. Il exerça sur ses contemporains une grande influence, en particulier sur Paul Ricœur qui fut son élève à l'université d'Heidelberg.

Dans son *Introduction à la philosophie*, Jaspers affirme la dimension morale de l'amour. Pareille assertion peut étonner pour diverses raisons. D'abord, l'amour comme passion est toujours en quelque mesure « par-delà bien et mal », pour reprendre l'expression de Nietzsche. Ensuite, la morale se laisse définir essentiellement comme règne de la raison où la considération du bien général s'oppose à l'intérêt personnel et le dépasse. Cependant, pour Jaspers l'amour est le garant de la morale. Car l'amour culmine dans l'amour de ce qui est. Suivant en cela un mouvement semblable à l'*éros* platonicien, l'amour pour Jaspers s'étend de l'amour d'autrui à l'amour de l'être. Comme tel, il est le critère de l'authenticité de la conduite morale. Car aimer c'est affirmer ce que l'on aime, son être, vouloir qu'il soit. Haïr au contraire, c'est souhaiter le néant, vouloir anéantir ce qui est.

L'attitude morale fondamentale à l'égard du réel ne peut être que l'amour. Ici encore, la pensée de Jaspers touche aux origines grecques de la philosophie, à la philosophie comme amour, *philia*. On n'accède au réel qu'en l'affirmant, c'est-à-dire en l'aimant. Ainsi, l'amour doit présider à la démarche philosophique, à notre rapport à la réalité tout entière.

202.
Le bien, c'est l'absolu qui trouve sa réalité dans l'amour, et par là dans la volonté.

203.
L'amour exerce en silence une action constructive dans le monde, la haine déclenche avec fracas la catastrophe qui éteint l'être au sein de la réalité et qui anéantit la réalité elle-même.

204.
Quand nous aimons vraiment, il nous est impossible de ne pas haïr, notamment ce qui menace ce que nous aimons.

205.
Un amour véritable garantit en même temps
l'authenticité morale de la conduite.

206.
L'amour, qui est le fondement même de l'absolu,
est identique à la volonté d'atteindre la réalité
en soi. Ce que j'aime, je veux que cela soit.
Et l'être en soi, je ne peux l'entrevoir sans l'aimer.

207.
C'est seulement dans la communication qu'on
atteint le but de la philosophie où réside en dernier
ressort le sens de tous les autres buts : prendre
connaissance de l'être, éclairer l'amour, trouver
la perfection du repos.

GEORGES
BATAILLE
1897-1962

BATAILLE

Philosophe, romancier, poète, Georges Bataille développe une pensée inspirée de Nietzsche, qui est relativement en marge de la tradition. Sa pensée n'en eut pas moins une influence profonde, tant elle porta toujours sur des sujets nouveaux, sujets habituellement rejetés par la philosophie ou par la conscience morale ordinaire.

C'est justement le caractère tabou de la sexualité que Bataille interroge : qu'il soit vice pour le christianisme ou simplement qu'il excède le cours de l'existence dite normale et productive, l'amour relève de l'ordre du sacré. Ce caractère de la sexualité en fait aussi le prix, explique la singularité d'un plaisir qui dans nos sociétés sera souillure et transgression des interdits. L'érotisme, en effet, est l'activité sexuelle se déployant par-delà l'instinct naturel voué à la reproduction. Nous atteignons dans cette activité un au-delà du monde et de nous-mêmes qui est le sens même du sacré.

La vérité de l'amour est donc dans la transgression. Transgression morale, qui voue l'amour à la folie et le maintient dans la sphère de l'asociabilité ; transgression aussi du sujet aimant, qui dans la passion et la sexualité s'excède lui-même, s'ouvrant à autrui, dépassant ses propres possibilités et limites. Ainsi pour Bataille, l'amour dans sa proximité avec la mort est intenable. Essentiellement puissance de désordre, il nous révèle aussi la vérité de l'homme pour lequel l'excès de la vie est lié à la présence de la mort.

208.
De l'érotisme, il est possible de dire qu'il est l'affirmation de la vie jusque dans la mort.

209.
L'essence de l'érotisme est donnée dans l'association inextricable du plaisir sexuel et de l'interdit.

210.
La violence de l'amour mène à la tendresse, qui est la forme durable de l'amour, mais elle introduit dans la recherche des cœurs ce même élément de désordre, cette même soif de défaillance et ce même arrière-goût de mort que nous trouvons dans la recherche des corps.

211.
L'amour n'est pas le désir de perdre, mais celui de vivre dans la peur de sa perte possible, l'être aimé maintenant l'amant au bord de la défaillance : à ce prix, seulement, nous pourrons éprouver devant l'être aimé la violence du ravissement.

212.
Le désir demeure en nous comme un défi au monde même qui lui dérobe infiniment son objet.

213.
Le mouvement de l'amour, porté à l'extrême, est un mouvement de mort.

214.
Aimer sans doute est le possible le plus lointain.

LACAN

Jacques Lacan, psychiatre et psychanalyste, quoique figure polémique et contestée, a marqué le paysage intellectuel international. De ses observations cliniques, Lacan a en effet tiré des conclusions puissantes, sur le sujet et le savoir notamment, qu'aucune philosophie ne saurait aujourd'hui ignorer.

Dans son œuvre exigeante, et peut-être énigmatique ou obscure au profane, contre la conception ordinaire, contre tout ce que nous croyons savoir de l'amour, Lacan nous donne à penser, dans des formules percutantes à l'allure paradoxale, la difficulté de théoriser l'amour, autant que le ridicule d'un certain bon sens sur l'amour.

Continuateur du travail de Freud, il semble que Lacan n'ait pourtant pas donné suite à la perspective d'une connaissance scientifique de l'amour. On ne trouvera ainsi nulle part dans son œuvre de *théorie* de l'amour. Ce qui n'est pas une façon de dénier la réalité du phénomène amoureux, mais plutôt une reconnaissance des limites de notre capacité de savoir qui achoppe sur la question de l'amour.

215.
Est-ce que vous vous êtes aperçu à quel point il est rare qu'un amour échoue sur les qualités ou les défauts réels de la personne aimée ?

216.
L'amour est un genre de suicide.

217.
La psychanalyse seule reconnaît ce nœud de servitude imaginaire que l'amour doit toujours redéfaire ou trancher.

218.
Ce qu'il est ainsi donné à l'Autre de combler et qui est proprement ce qu'il n'a pas, puisqu'à lui aussi l'être manque, est ce qui s'appelle l'amour, mais c'est aussi la haine et l'ignorance.

219.
Aimer, c'est essentiellement vouloir être aimé.

220.
L'amour c'est offrir à quelqu'un qui n'en veut pas quelque chose que l'on n'a pas.

221.
Et en effet, donner ce qu'on a, c'est la fête, ce n'est pas l'amour.

222.
Je m'aime moi-même en tant que je me méconnais essentiellement. Je n'aime qu'un autre. Un autre avec un petit a initial.

SARTRE

Jean-Paul Sartre, image même de l'intellectuel engagé, eut un parcours multiple, de résistant, dramaturge, philosophe, journaliste, qui rappelle l'itinéraire brillant et combatif de Victor Hugo. Héritier en philosophie de Descartes, de Marx, de Heidegger, ce n'est toutefois pas au nom de la raison que Sartre critique l'amour, mais au nom de la liberté, thème central de la philosophie existentialiste. Ainsi pour Sartre, être homme c'est être libre, c'est-à-dire responsable de ce que l'on est.

Dans *L'Être et le Néant*, Sartre met en avant ce paradoxe en apparence irréconciliable de l'amour. L'amant veut de l'aimé qu'il soumette sa liberté en faisant le serment de fidélité, gage de l'absolu de l'amour. Mais en même temps, l'amant ne veut aimer, ne peut aimer qu'un être libre pour lequel aimer n'est pas renoncer à soi au profit de l'amour. L'amant veut posséder ce qui ne peut l'être. Une telle contradiction de l'état amoureux explique peut-être ce reproche que l'on fait à l'amour d'être irrationnel : il veut ce qu'il ne veut pas et laisse ainsi toujours insatisfait.

Nous ne pouvons désirer celui qui se soumet à l'amour, ni non plus un être totalement libre et hors d'atteinte. La conception sartrienne de l'amour doit donc sembler fort pessimiste : l'amour est avant tout volonté de possession ; contradictoire, le projet de l'amant est vain et destructeur. Cette perspective aboutit inévitablement à une critique de l'engagement et de l'exclusivité de la passion amoureuse.

223.
Ainsi, l'amant ne désire-t-il pas posséder l'aimé comme on possède une chose ; il réclame un type spécial d'appropriation. Il veut posséder une liberté comme liberté.

224.
Qui se contenterait d'un amour qui se donnerait comme pure fidélité à la foi jurée ? Qui donc accepterait de s'entendre dire : « Je vous aime parce que je me suis librement engagé à vous aimer et que je ne veux pas me dédire ; je vous aime par fidélité à moi-même ? »

225.
Celui qui veut être aimé ne désire pas
l'asservissement de l'être aimé. Il ne tient pas
à devenir l'objet d'une passion dévorante
ou mécanique.

226.
Au lieu de nous sentir « de trop », nous sentons
à présent que cette existence est reprise et
voulue dans ses moindres détails par une liberté
absolue qu'elle conditionne en même temps –
et que nous voulons nous-mêmes avec notre
propre liberté.

227.
L'amant demande le serment et s'irrite du serment ;
il veut être aimé par une liberté et réclame que
cette liberté comme liberté ne soit plus libre.
Il veut à la fois que la liberté de l'autre se détermine
elle-même à devenir amour – et cela, non point
seulement au commencement de l'aventure,
mais à chaque instant – et, à la fois, que
cette liberté soit captivée par *elle-même*, qu'elle
se retourne sur elle-même, comme dans la folie,
comme dans le rêve, pour vouloir sa captivité.

228.
Vouloir être aimé, c'est vouloir se placer
au-delà de tout le système de valeur posé par
autrui comme la condition de toute valorisation
et comme le fondement objectif de toutes
les valeurs.

229.
En un sens, si je dois être aimé,
je suis l'objet par procuration
de quoi le monde existera pour
l'autre ; et en un autre sens,
je suis le monde.

230.
A partir de cet amour, je saisis donc autrement
mon aliénation et ma facticité propre.
Elle est en tant que pour autrui non plus un fait,
mais un droit. Mon existence est parce qu'elle est
appelée. Je suis parce que je me prodigue.
Ces veines aimées sur mes mains, c'est par bonté
qu'elles existent.

FERDINAND
ALQUIÉ
1906-1985

ALQUIÉ

Philosophe, professeur à la Sorbonne, élu en 1975 membre de l'Académie des sciences morales et politiques, Ferdinand Alquié, l'un des plus éminents spécialistes de la philosophie de Descartes, s'intéressa également au surréalisme dont la poésie nourrit *Le Désir d'éternité*, son œuvre majeure, et sa réflexion sur l'amour.

En rationaliste, Alquié produit une critique de l'amour-passion comme passivité, s'opposant à l'engagement dans le réel en quoi consiste l'action. La passion amoureuse relève comme l'exercice de la raison, du désir d'éternité qui caractérise l'humain. Mais contrairement à la rationalité, dont le désir d'éternité implique la volonté d'agir dans le futur, la passion de l'amour est avant tout nostalgie, désir de répétition de ce qui une fois nous lia avec autrui dans une fusion que nous considérons comme synonyme du bonheur.

La critique de Ferdinand Alquié se nourrit alors des apports de la psychologie freudienne. Dans l'amour-passion, nous voulons éterniser le passé glorifié. Ainsi, les illusions de l'amour quant à l'objet aimé ne consistent pas dans une emphase des qualités d'autrui, mais dans la confusion du passé et du présent. De sorte que nous croyons qu'aimer, c'est vouloir conserver ce qui est. L'amour véritable, au contraire, suppose l'oubli de soi et de son passé, doit être facteur d'action et doit donc vouloir le bien futur, l'amélioration de soi-même comme de l'être aimé.

LA PHILOSOPHIE DE L'AMOUR

231.
La passion est inconscience, méconnaissance de son objet, aversion pour la valeur, obstacle enfin au véritable amour.

232.
L'erreur du passionné consiste donc moins dans la surestimation de l'objet actuel de sa passion que dans la confusion de cet objet et de l'objet passé qui lui confère son prestige.

233.
Il est vain de vouloir détruire un amour en mettant en lumière la banalité de l'objet aimé, car la lumière dont le passionné éclaire cet objet est d'une autre qualité que celle qu'une impersonnelle raison projette sur lui : cette lumière émane de l'enfance du passionné lui-même, elle donne à tout ce qu'il voit la couleur de ses souvenirs.

234.
L'inconstance de la passion vient de ce que l'objet vers lequel elle se porte n'est jamais que symbolique et accidentel : en son essence l'amour-passion est un amour abstrait.

235.
Tout amour-passion, tout amour du passé, est donc illusion d'amour et, en fait, amour de soi-même. Il est désir de se retrouver, et non de se perdre ; d'assimiler autrui, et non de se donner à lui ; il est infantile, possessif et cruel, analogue à l'amour éprouvé pour la nourriture que l'on dévore et que l'on détruit en l'incorporant à soi-même.

236.
L'amour véritable est action, et, comme toute action, il refuse de se soumettre, veut changer ce qui est, lui préfère ce qui n'est pas encore, et, participant à cette constante création qu'est le cours du monde, il entreprend de transformer l'être selon la valeur.

237.
Ainsi, s'il est un amour d'action, qui veut
le bien de ce qu'il aime, s'efforce donc de le rendre
meilleur, de le transformer selon la valeur,
il est un amour-passion qui désire que son objet
demeure ce qu'il est, et le prend pour mesure
de la valeur elle-même.

238.
L'amour action suppose
oubli de soi, et de ce que
l'on fut ; il implique l'effort
pour améliorer l'avenir
de celui que l'on aime.

EMMANUEL
LEVINAS
1906-1995

LEVINAS

Philosophe français d'origine lituanienne, Emmanuel Levinas a placé la question d'Autrui au cœur de l'interrogation philosophique fondamentale, il a ainsi renouvelé et refondé la réflexion sur l'éthique. L'Autre, pour Levinas, a en effet été oublié par la philosophie occidentale. L'Autre est par définition le radicalement différent, celui qui ne peut être ni possédé ni totalement compris, celui qui s'oppose à moi et me fait face dans sa transcendance.

La relation amoureuse, de désir, apparaît ainsi chez Levinas, comme le modèle de toute relation à l'autre. D'abord parce que le désir pour autrui n'est pas le besoin, il ne s'achève pas dans la satisfaction et son caractère infini atteste de la résistance d'autrui à son appropriation. Enfin et surtout, parce que dans la relation hétérosexuelle, la rencontre avec l'autre se fait sur la base d'une différence des sexes, d'une différence irréductible des êtres. La relation amoureuse semble donc le moyen privilégié de l'accès à la transcendance, c'est-à-dire qu'elle est sans doute pour Levinas le point de départ de toute éthique possible.

La relation amoureuse n'est donc pas possession, et l'incommunicabilité entre les deux amants n'est pas le signe d'un échec de l'amour, mais au contraire le signe d'un amour véritable, d'un amour qui comme la caresse ne se saisit de rien, reconnaît l'absence de toute présence et ne trahit pas l'infini de la liberté et de la différence d'autrui.

239.
Le désir est absolu, si l'être désirant est mortel et le Désiré, invisible.

240.
L'amour vise Autrui, il le vise dans sa faiblesse.

241.
Aimer, c'est craindre pour Autrui, porter secours à sa faiblesse.

242.
Le voluptueux de la volupté, n'est pas la liberté domptée, objectivée, réifiée de l'Autre, mais sa liberté indomptée, que je ne désire nullement objectiver.

243.
La caresse ne vise ni une personne ni une chose.
Elle se perd dans un être qui se dissipe comme un rêve impersonnel sans volonté et même une résistance, une passivité, un anonymat déjà animal ou enfantin, tout entier déjà à la mort.

244.
L'attendrissement est une pitié qui se complaît, un plaisir, une souffrance transformée en bonheur – la volupté.

245.
L'amour ne se réduit pas à une connaissance mêlée d'éléments affectifs qui lui ouvriraient un plan d'être imprévu ; il ne saisit rien, n'aboutit pas à un concept, n'*aboutit* pas, n'a ni la structure sujet-objet ni la structure moi-toi.

LA PHILOSOPHIE DE L'AMOUR

246.
L'Autre, en la volupté,
est moi et séparé de moi.

247.
Dans la possession d'Autrui, je possède autrui en tant qu'il me possède, à la fois esclave et maître. La volupté s'éteindrait dans la possession.

248.
Ce qu'on présente comme l'échec de la communication dans l'amour constitue précisément la positivité de la relation ; cette absence de l'autre est précisément sa présence comme autre de *l'existence à l'existant.*

249.
La volupté, comme coïncidence de l'aimant et de l'aimée, se nourrit de leur dualité : simultanément fusion et distinction.

250.
S'accomplir pour le désir équivaut à engendrer l'être bon, à être bonté de la bonté.

SIMONE DE BEAUVOIR
1908-1986

BEAUVOIR

Simone de Beauvoir fut une philosophe, intellectuelle et féministe engagée. De sa figure seule et de sa relation avec Jean-Paul Sartre se dégage déjà une conception de l'amour qui a pu révolutionner nos mœurs. Profondément avant-gardiste, Simone de Beauvoir conçoit un amour qui ne cède en rien à la liberté de chacun, la liberté assumée étant ce par quoi l'homme se fait homme. Mais dans *Le Deuxième Sexe*, Simone de Beauvoir montre aussi comment des siècles d'assujettissement de la femme ont fait de l'amour un amour aliéné et aliénant.

La relation d'amour fut en effet, et est encore, un renoncement, une mutilation pour la femme qui abdique toute responsabilité, toute autonomie, au nom de l'amour. Mais l'amour comme abandon de soi n'en est pas un. Seule une relation entre deux êtres également libres peut non seulement fonder un couple heureux, mais aussi revendiquer le nom d'amour véritable. La liberté doit être comprise comme ce par quoi nous nous constituons comme sujet et définissons nos valeurs, assumons nos choix et responsabilités.

Le Deuxième Sexe, ce manifeste du féminisme, est donc sans complaisance à l'égard des femmes. Si l'éducation, la société, la culture sont autant de freins à la constitution de la femme en libre sujet, les femmes elles-mêmes ont trop tendance à se décharger du poids de l'existence en faisant de l'aimé et de l'amour prétendu leur seule raison de vivre. Or, il faut faire cet apprentissage de l'autonomie pour alors connaître l'amour véritable.

251.
Elle apprend que pour être heureuse il faut être
aimée ; pour être aimée, il faut attendre l'amour.
La femme c'est la Belle au bois dormant,
Peau d'Âne, Cendrillon, Blanche Neige,
celle qui reçoit et subit.

252.
Ce couple équilibré n'est pas une utopie ;
il en existe, parfois dans le cadre même du mariage,
le plus souvent au-dehors ; certains sont unis
par un grand amour sexuel qui les laisse libres
de leurs amitiés et de leurs occupations ;
d'autres sont liés par une amitié qui n'entrave pas
leur liberté sexuelle ; plus rarement il en est qui
sont à la fois amants et amis mais sans chercher
l'un dans l'autre leur exclusive raison de vivre.

253.
Pour la jeune fille, la transcendance érotique consiste afin de prendre à se faire proie. Elle devient un objet ; et elle se saisit comme objet.

254.
Quantité de nuances sont possibles dans les rapports d'un homme et d'une femme : dans la camaraderie, le plaisir, la confiance, la tendresse, la complicité, l'amour, ils peuvent être l'un pour l'autre la plus féconde source de joie, de richesse, de force qui se propose à un être humain.

255.
Le couple heureux qui se reconnaît dans l'amour défie l'univers et le temps, il se suffit, il réalise l'absolu.

256.
Il y a peu de crimes qui entraînent pire punition que cette faute généreuse ; se remettre tout entière entre des mains autres.

257.
L'amour authentique devrait être fondé sur la reconnaissance réciproque de deux libertés ; chacun des amants s'éprouverait alors comme soi-même et comme l'autre ; aucun n'abdiquerait sa transcendance, aucun ne se mutilerait ; tous deux dévoileraient ensemble dans le monde des valeurs et des fins. Pour l'un et l'autre l'amour serait révélation de soi-même par le don de soi et enrichissement de l'univers.

258.
Le jour où il sera possible à la femme d'aimer dans sa force, non dans sa faiblesse, non pour se fuir, mais pour se trouver, non pour se démettre, mais pour s'affirmer, alors l'amour deviendra pour elle comme pour l'homme source de vie et non mortel danger.

RICŒUR

Philosophe français, Paul Ricœur mena un travail original dans le champ de la pensée contemporaine en réfléchissant sur les développements de la phénoménologie et de l'herméneutique. La pensée de Ricœur à l'égard de l'amour peut semble-t-il être comprise à la lumière de cette distinction que fait la pensée grecque en désignant sous des termes différents *éros* et *agapè*, désir et altruisme, ce qu'en français nous traduisons par l'unique mot « amour ».

S'agissant de l'amour comme altruisme, Ricœur développe dans *Amour et justice*, dans la continuité de Leibniz, la question des rapports en apparence contradictoires entre l'amour, cette surabondance, cette générosité, et la rigueur de l'exigence d'égalité de la justice. Il apparaît, à suivre Ricœur, que sollicitude et logique de l'équivalence ne pourront jamais être réconciliées, mais que la perspective du don sans retour de l'amour pose l'horizon où la justice peut se donner un idéal.

Cependant, l'amour n'est pas que sollicitude. Comme désir, l'amour est aussi sensualité, sexualité. S'inscrivant ici dans une perspective freudienne, Ricœur montre dans *Histoire et vérité* combien le désir est aussi le signe qu'il y a dans l'amour une composante terrible qui le lie à la destruction. Cet autre amour qu'est l'*éros* est essentiellement sensualité. Comme tel l'amour résiste aux normes, aux lois, et reste en son fond asocial et impossible à maîtriser.

259.
L'amour tel que notre culture l'a façonné, s'avance entre deux abîmes : celui du désir errant et celui d'une volonté hypocrite de constance – caricature rigoriste de la fidélité.

260.
Le prix à payer pour *socialiser* Éros est assurément terrible. Nulle société moderne n'envisage pourtant de renoncer à canaliser tant bien que mal et à stabiliser le démonisme d'Éros par l'institution de la famille conjugale.

261.
Le mariage veut protéger la durée et l'intimité
du lien sexuel et ainsi le rendre humain,
mais il est aussi pour beaucoup ce qui ruine
et la durée et l'intimité.

262.
Notre temps me semble travaillé par
deux mouvements de sens contraire,
l'un de resacralisation de l'amour,
l'autre de désacralisation.

263.
Le procès du mariage est toujours une tâche possible, utile, légitime, urgente.

264.
Dans la tendresse, le rapport à autrui l'emporte et peut enrôler l'érotisme au sens de composante sensuelle de la sexualité ; dans l'érotisme, la culture égoïste du plaisir l'emporte sur l'échange du don.

265.
Sur les deux voies de la sexualité, celle de la tendresse et celle de l'érotisme, quelque chose est aperçu : à savoir que la sexualité en son fond reste peut-être imperméable à la réflexion et inaccessible à la maîtrise humaine ; c'est peut-être cette opacité qui fait qu'elle n'est contenue ni dans l'éthique de la tendresse ni dans la non éthique de l'érotisme.

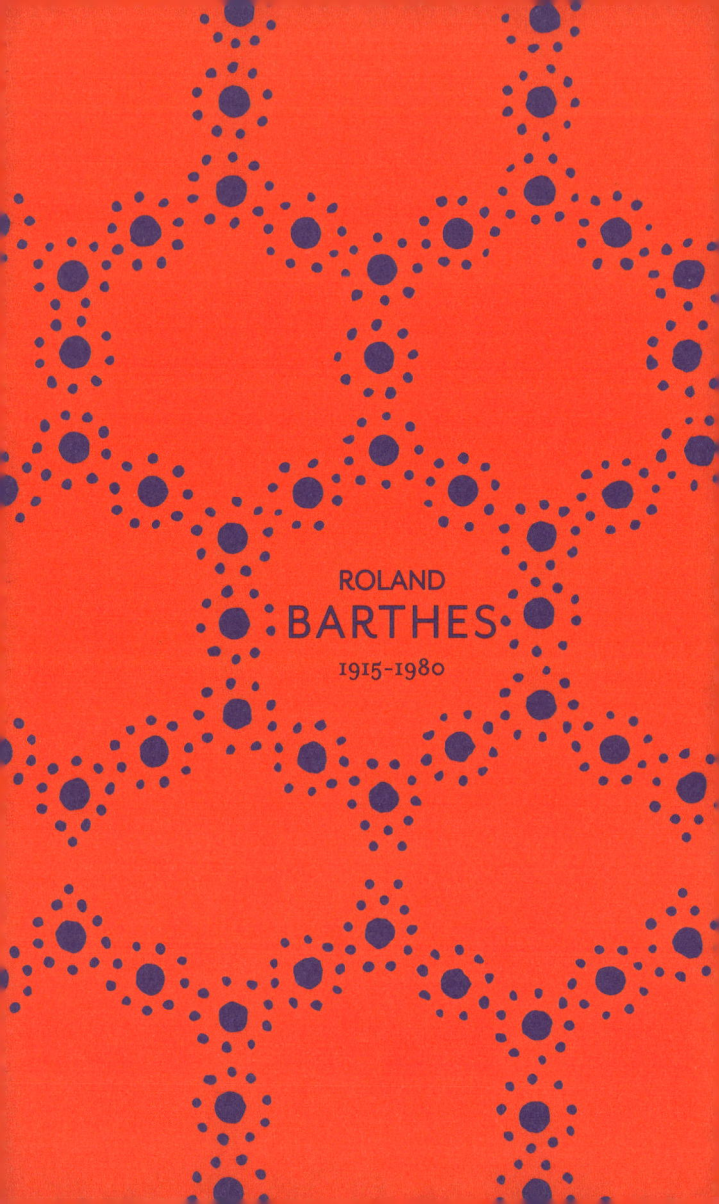

BARTHES

Roland Barthes, écrivain et sémiologue français, fut professeur attaché au CNRS et occupa la chaire de sémiologie au Collège de France. Il se détache du paysage intellectuel français contemporain par une approche critique originale, qui s'exerça sans relâche sur tous les modes du langage institué. Observateur lucide et amusé du monde contemporain, sa théorie critique à trois niveaux révolutionna notamment le domaine de la critique littéraire. Son point de vue, quoique scientifique, se nourrit aussi des apports du désir, du plaisir et de l'imaginaire.

C'est de ce triple point de vue que Roland Barthes aborde l'amour dans ses *Fragments d'un discours amoureux*. Sa démarche suppose que l'amour se pense d'abord comme discours, langage fait de mots et de gestes. Être amoureux est un drame dans tous les sens du terme, c'est tout d'abord et surtout composer une scène, un théâtre de l'amour. Ainsi, l'amour existe dans un discours spécifique, dans un certain rapport au langage. Il ressort donc de l'Imaginaire comme l'indique l'expression « histoire d'amour ». C'est d'ailleurs ce qui vaut aujourd'hui au discours amoureux, et à son état, d'être jugé excessif, d'être déprécié, telle une maladie qu'il faudrait guérir.

La force et la beauté du livre de Roland Barthes consistent à restituer par fragments ces moments de l'histoire, du récit d'amour de l'amoureux, avec la volonté d'affirmer en lui l'« innocence de l'imaginaire ».

266.
La bouffée d'abîme peut venir d'une blessure, mais aussi d'une fusion. Nous mourrons ensemble de nous aimer.

267.
L'autre est en état de perpétuel départ, de voyage ; il est par vocation migrateur, fuyant ; je suis, moi qui aime, par vocation inverse, sédentaire, immobile, à disposition, en attente, tassé sur place, en *souffrance*, comme un paquet dans un coin perdu de gare.

268.
Dire l'absence, c'est d'emblée poser que la place du sujet et la place de l'autre ne peuvent permuter ; c'est dire : « Je suis moins aimé que je n'aime. »

269.
Il y a une scénographie de l'attente : je l'organise, je la manipule, je découpe un morceau de temps où je vais mimer la perte de l'objet aimé et provoquer tous les effets d'un petit deuil. Cela se joue donc comme une pièce de théâtre.

270.
L'amoureux ne cesse en effet de courir dans sa tête, d'entreprendre de nouvelles démarches et d'intriguer contre lui-même.

271.
L'acte vrai du deuil, ce n'est pas souffrir par
la perte de l'objet aimé ; c'est de constater un jour,
sur la peau de la relation, telle menue tache,
venue là comme le symptôme d'une mort sûre :
pour la première fois, j'ai fait du mal à qui j'aime,
certes, mais sans *m'affoler*.

272.
Il n'est pas vrai que plus on aime, plus on
comprend ; ce que l'action amoureuse obtient
de moi, c'est seulement cette sagesse : que l'autre
n'est pas à connaître, son opacité n'est nullement
l'écran d'un secret, mais plutôt une sorte
d'évidence, en laquelle s'abolit le jeu permanent
de l'apparence et de l'être.

273.
Il appartient à la situation amoureuse d'être
tout de suite intolérable, dès que l'émerveillement
de la rencontre est passé.

274.
Sentiment *raisonnable* : tout s'arrange –
mais rien ne dure.
Sentiment *amoureux* : rien ne s'arrange –
et pourtant cela dure.

275.
Comme jaloux, je souffre quatre fois :
parce que je suis jaloux, parce que je me reproche
de l'être, parce que je crains que ma jalousie ne
blesse l'autre, parce que je me laisse assujettir
à une banalité : je souffre d'être exclu,
d'être agressif, d'être fou et d'être commun.

276.
Comment finit un amour ? – Quoi, il finit donc ?
En somme nul – sauf les autres – n'en sait jamais
rien ; une sorte d'innocence masque la fin de cette
chose conçue, affirmée, vécue selon l'éternité.

277.
La passion amoureuse est un délire ; mais le délire
n'est pas étrange ; tout le monde en parle, il est
désormais apprivoisé. Ce qui est énigmatique,
c'est la perte de délire : on rentre dans quoi ?

278.
Pour moi, sujet amoureux, tout ce qui dérange
est reçu, non sous les espèces d'un fait,
mais sous celle d'un signe qu'il faut interpréter.

279.
La jalousie est une équation à trois termes
permutables (indécidables) : on est toujours jaloux
de deux personnes à la fois : je suis jaloux de qui
j'aime et de qui l'aime.

280.
Suis-je amoureux ?
– Oui, puisque j'attends.

281.
J'agis toujours – je m'entête
à agir, quoiqu'on me dise
et quels que soient mes propres
découragements, comme si
l'amour pouvait un jour me
combler, comme si le
Souverain Bien était possible.

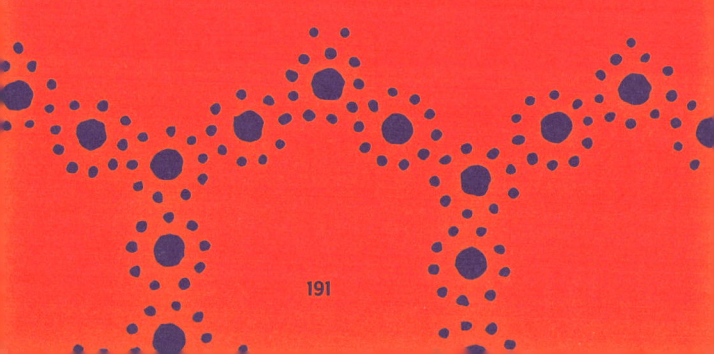

IRIGARAY

Luce Irigaray est une philosophe, linguiste et psychanalyste belge, venue s'installer à Paris en 1960 où elle assume la charge de directrice de recherche au CNRS. Spécialiste de l'étude des genres, son œuvre a une grande influence sur le féminisme international, et est assimilée au courant de la philosophie française contemporaine nommé outre-Atlantique la « french theory ».

À travers ses nombreuses études sur la différence des sexes, Luce Irigaray a développé une réflexion forte de ce qu'est la relation à autrui, et en particulier de l'amour, réflexion articulée autour du concept de différence. En effet, il importe au point de vue éthique, et dans la relation d'amour spécialement, de ne pas chercher à gommer, à annuler la différence. Contre notre tendance à vouloir rassembler dans une unité la diversité, contre notre désir de fusion avec autrui, il importe de savoir rester deux, d'« être deux », pour reprendre le titre d'un de ses ouvrages. L'amour véritable, loin de toute possession, ne fait pas de l'autre un objet, mais le conserve comme sujet, irréductiblement autre ; il ouvre ainsi à la question fondamentale de toute éthique.

Car si pour Luce Irigaray la différence qu'il faut laisser exister est d'abord la différence des sexes, celle-ci offre également le modèle de toute relation à autrui, de toute reconnaissance de la différence, de la diversité des générations, des cultures et des peuples.

282.
Un corps amoureux ne supporte pas d'être fixé comme un objet.

283.
Je ne serai jamais capable de te percevoir complètement, et pas davantage de t'aimer, de te dire complètement.

284.
Loin de vouloir te posséder, dans la relation à toi je maintiens un « à » pour assurer l'indirection entre nous – « j'aime à toi », et non « je t'aime ». Ce « à » garde le lieu d'une transcendance entre nous, d'un respect et voulue, d'une alliance possible.

285.
Quand le rapport à l'autre se réduit à la sensation, au simple affect, l'autre, même s'il est actif devient un objet, perd ses qualités de sujet. Dans une conception de la sexualité centrée sur l'instinct, la pulsion, l'affect, les protagonistes, hommes et femmes, en arrivent à être définis comme ayant ou non des « objets » corporels, capables de produire ou d'éprouver la jouissance. Ils ne sont plus considérés comme des sujets.

286.
S'aimer demande peut-être de regarder ensemble l'invisible, d'abandonner sa vue à la respiration du cœur, de l'âme, de la conserver charnelle, sans la fixer sur une cible.

LA PHILOSOPHIE DE L'AMOUR

287.
La nostalgie de *un*
a toujours supplanté
le désir entre *deux*.

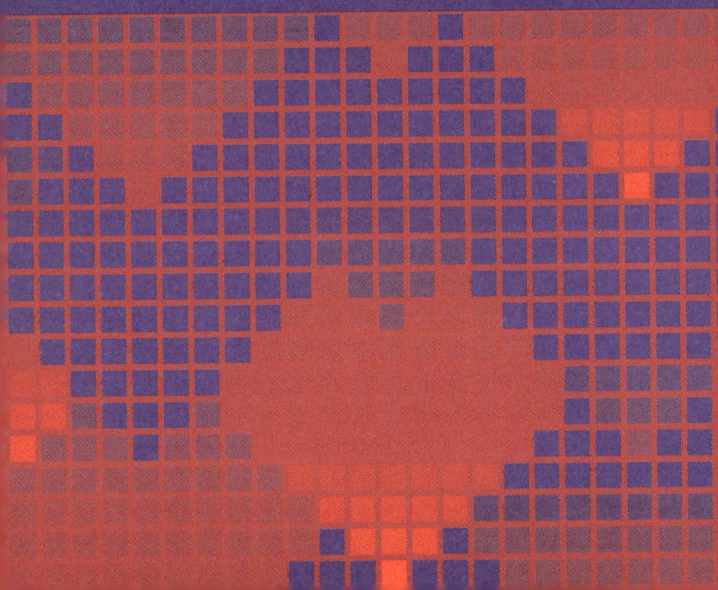

288.
Rester deux demande de renoncer à une telle unité, fusionnelle, régressive, autistique, narcissique.

289.
L'origine, si je puis dire, de l'amour entre nous est silence. Non pas tant parce que cet amour reste au niveau de la nature, des pulsions, de l'instinct, mais parce qu'il se maintient dans la différence, une différence qui ne peut pas s'exprimer.

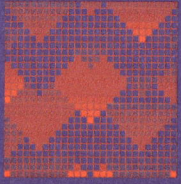

NICOLAS
GRIMALDI
1933

GRIMALDI

Ce philosophe français, spécialiste de Descartes occupa les chaires de métaphysique et d'histoire de la philosophie moderne à la Sorbonne. Son œuvre abondante peut être considérée comme inactuelle. D'abord, parce qu'elle traite de questions fondamentales, ensuite, parce qu'elle se tient à l'écart des modes, des poncifs, et peut ainsi se constituer au plus près du réel lui-même.

Dans *Les Métamorphoses de l'amour*, Grimaldi développe ainsi une conception de l'amour singulière eu égard au paysage philosophique contemporain. Nourrissant sa réflexion par l'observation précise de l'expérience que nous faisons de l'amour, il revient sur ces paradoxes, il montre les erreurs des représentations pascalienne et stendhalienne, mais il explique aussi que l'amour ne saurait être autrement que dans la tension entre le désir de la fusion et l'altérité irréductible de l'objet aimé. Insistant sur la dimension égoïste de l'amour, il semble ainsi nuancer la tendance contemporaine à faire de l'amour la reconnaissance de l'altérité.

L'amour est d'abord une façon de fuir la solitude et l'angoisse, de trouver dans autrui la justification de soi-même et de donner sens à l'existence. Dans l'amour, c'est donc d'abord nous-mêmes, notre identité et notre bonheur que nous cherchons. Ces constats lucides ne suffisent pas cependant à condamner l'amour, car en recherchant notre bonheur dans l'amour, c'est nécessairement celui d'autrui pour lequel nous œuvrons.

290.
Rien n'est pourtant plus improbable ni plus fantasmatique que d'attendre d'une autre personne la musicalité de la vie.

291.
Notre amour ne transfigure pas la personne aimée, mais nous fait imaginer notre existence transfigurée par elle.

292.
Suscitée par toute expérience amoureuse,
la question n'en est pas moins paradoxale ;
comment peut-on avoir son identité hors de soi ?

293.
Nous sommes bien moins émus par ce que nous percevons que par ce que nous imaginons.

294.
Rien ne plaît davantage à la personne aimée que les rêves que nous formons à son sujet.

295.
On aime donc bien moins dans une personne tel ou tel de ses avantages, que la tonalité et l'intensité d'une attente.

296.
Contre toute raison, contre toute apparence, l'amour consiste donc à reconnaître dans une personne le secret d'une sensibilité. Ce qui est le plus invisible à tous, étant le plus intérieur, il en reçoit la révélation comme celle d'une évidence. Aussi, celui qui est aimé a-t-il le sentiment d'être gracié par l'amour.

297.
Il nous faut donc tenir pour une des vérités les plus essentielles que l'amour ne s'ensuit pas de ce que nous connaissons de la personne aimée.

298.
Lorsqu'on aime une personne comme si elle était Dieu, il s'agit tout uniment et tout simplement d'amour.

299.
Ainsi peut-on être tenté d'aimer une personne, rien que pour en devenir la providence.

300.
Être sexué, c'est porter en soi l'attente d'un autre.

301.
L'amour est à la fois la transfiguration et la grâce de la banalité.

302.
Aux amants a donc été révélé que ni la solitude ni la séparation ne sont irrémédiables.

303.
Comme on aime une œuvre musicale pour la vie tout autre qu'elle nous fait imaginer, ainsi une autre personne nous bouleverse-t-elle en nous faisant pressentir un style d'humanité que nous n'aurions pas imaginé sans elle.

ALAIN
BADIOU
NÉ EN 1937

BADIOU

Alain Badiou, normalien et professeur à l'université de Vincennes, également romancier et dramaturge, est un philosophe majeur de la scène philosophique française contemporaine. Les polémiques régulièrement suscitées par ses engagements politiques radicaux, témoignent de la forte audience dont bénéficie l'auteur de *L'Être et l'événement*, son ouvrage majeur.

Dans *Éloge de l'amour*, Alain Badiou, conformément à ses engagements, réfléchit à la dimension politique de l'amour, particulièrement dans les sociétés contemporaines. La conviction de Badiou, est en effet que l'amour est aujourd'hui menacé par l'esprit de l'individualisme, du calcul marchand qui évalue risque et intérêt. L'amour, au contraire, est hasard, risque sans mesure, perte de soi, résistance d'autrui à la possession. Ainsi, être amoureux c'est toujours au sens propre une aventure, c'est toujours sans le vouloir dessiner une sphère de résistance à la rationalité économico-politique, à l'individualisme.

L'amour est une force agissante. Mais par-delà la dimension politique, il faut dire son importance sur le plan éthique et esthétique. Car pour Badiou l'amour, comme rencontre avec un autre avec lequel la fusion est impossible, est affirmation de la différence, et par là, il est à l'origine d'une recréation du monde par les regards croisés des amoureux.

304.
Dans l'amour, il y a l'expérience du passage possible de la pure singularité du hasard à un élément qui a une valeur universelle.

305.
La conviction est aujourd'hui largement répandue que chacun ne suit que son intérêt. Alors l'amour est une contre-épreuve. L'amour est cette confiance faite au hasard.

306.
Qu'est-ce que c'est que le monde, examiné, pratiqué et vécu à partir de la différence et non de l'identité ? Je pense que l'amour, c'est cela.

307.
Nous avons là deux ennemis de l'amour, au fond :
la sécurité du contrat d'assurance et le confort
des jouissances limitées.

308.
Je crois en effet que le libéral et le libertaire
convergent vers l'idée que l'amour est un risque
inutile. Et qu'on peut avoir d'un côté une espèce
de conjugalité préparée qui se poursuivra dans
la douceur de la consommation et de l'autre
des arrangements sexuels plaisants et remplis
de jouissance en faisant l'économie de la passion.

309.
L'énigme de la pensée de l'amour, c'est la question
de cette durée qui l'accomplit.

310.
Le bonheur amoureux est la preuve que le temps
peut accueillir l'éternité.

311.
La déclaration du type « je t'aime » scelle une rencontre, elle est fondamentale, elle engage. Mais livrer son corps, se déshabiller, être nu(e), accomplir les gestes immémoriaux, renoncer à toute pudeur, crier, toute cette entrée en scène du corps vaut preuve d'un abandon à l'amour. C'est tout de même une différence essentielle avec l'amitié.

312.
Les amants savent, jusque dans le plus violent délire, que l'amour est là, comme un ange gardien des corps, au réveil, au matin, quand la paix descend sur la preuve de ce que les corps ont entendu la déclaration d'amour.

313.
Il y a des gens qui s'aiment toujours, et il y en a beaucoup plus qu'on ne le croit ou qu'on ne le dit.

314.
Ce qu'il y a d'universel, c'est que l'amour propose une vérité sur ce que c'est que d'être deux et non pas un. Que le monde puisse être rencontré et expérimenté autrement que par une conscience solitaire, voilà ce dont n'importe quel amour nous donne une nouvelle preuve.

315.
La déclaration d'amour est le passage du hasard au destin, et c'est pourquoi elle est si périlleuse, si chargée d'une sorte de trac effrayant.

316.
Au fond, c'est ça l'amour : une déclaration d'éternité qui doit se réaliser ou se déployer comme elle peut dans le temps.

317.
L'idée que l'amour s'achève ou se réalise uniquement dans la création d'un univers familial n'est pas satisfaisante.

318.
L'amour s'adresse à l'être même de l'autre, à l'autre tel qu'il a surgi, tout armé de son être, dans ma vie ainsi rompue et recomposée.

319.
S'il n'est pas conçu comme le seul échange d'avantages réciproques, ou s'il n'est pas calculé longuement à l'avance comme un investissement rentable, l'amour est vraiment cette confiance faite au hasard. Il nous amène dans les parages d'une expérience fondamentale de ce qu'est la différence et, au fond, dans l'idée qu'on peut expérimenter le monde du point de vue de la différence.

320.
Il y a la médiation du corps de l'autre, bien entendu, mais en fin de compte, la jouissance est toujours votre jouissance. Le sexuel ne conjoint pas, il sépare.

321.
Un amour véritable est celui qui triomphe durablement, parfois durement, des obstacles que l'espace, le monde et le temps lui proposent.

322.
Quand c'est la logique de l'identité qui l'emporte, par définition, l'amour est menacé. On va mettre en cause son attrait pour la différence, sa dimension asociale, son côté sauvage, éventuellement violent. On va faire de la propagande pour un « amour » en toute sécurité, en parfaite cohérence avec les autres démarches sécuritaires. Donc défendre l'amour dans ce qu'il a de transgressif et d'hétérogène à la loi est bien une tâche du moment.

NANCY

Philosophe, professeur à l'université de Strasbourg et à l'université de Californie, Jean-Luc Nancy a été membre du Conseil national des universités. Sa réflexion sur l'amour, qu'il développe notamment dans une conférence prononcée en 2008, s'articule autour de ses préoccupations sur la politique et l'éthique.

Par-delà la dévalorisation de l'amour au nom d'un prétendu ridicule des amants, Jean-Luc Nancy réaffirme la puissance éthique de l'amour. Partant de l'expérience du sujet amoureux, Nancy pense en effet l'amour comme une transgression de l'être du sujet vers autrui, comme la capacité de sortir de soi. Ainsi, l'amour est toujours un risque, une mise en danger de soi dans le mouvement qui amène à rencontrer l'autre. Mais l'amour est également une expérience humaine fondamentale au regard de l'utilisation qui est faite du langage, en particulier dans le serment d'amour qui est l'acte même de cette ouverture à l'autre.

En outre, l'autre me restant toujours inconnu, cette rencontre est donc rencontre avec l'inconnu même. Ainsi, l'amour ne saurait être reconnaissance de telle ou telle qualité de l'aimé, mais toujours reconnaissance de cet être de l'aimé qui résiste à mon pouvoir de le saisir et de le comprendre, affirmation pure de la valeur de l'existence d'autrui.

323.
Quand nous aimons, nous donnons de l'amour à l'autre, mais nous donnons quelque chose que nous recevons d'ailleurs, de l'autre peut-être, en dehors du rapport à soi-même et de son rapport à soi.

324.
Il s'agit bien de donner un prix, d'accorder une valeur unique à quelqu'un et d'accomplir les gestes qui correspondent à cette valeur.

325.
D'une certaine façon on pourrait dire qu'il faut parler l'amour, l'amour doit se dire, avant toute chose.

326.
Dans l'amour, l'autre ne devient pas moi,
mais les deux sont inséparables, ils ne peuvent pas
se passer l'un de l'autre comme on dit, sans pour
autant faire un, en étant justement deux.

327.
L'amour demande à l'autre à la fois une liberté
totale et une appartenance totale. En ce sens,
la demande de l'amour est contradictoire.

LA PHILOSOPHIE DE L'AMOUR

328.
Il faut aimer en
soi-même la possibilité
d'aimer autrui.

329.
Quand nous aimons quelqu'un de réel, nous aimons aussi une image, et il faut que les choses aillent dans les deux sens, que la personne réelle aille vers l'image et que l'image retourne vers la personne réelle.

330.
L'amour n'est que cela, le rapport à la valeur absolue d'une personne. Toute la question et la difficulté étant que la valeur absolue de la personne est aussi son mystère absolu.

JULIA
KRISTEVA
NÉE EN 1941

KRISTEVA

Philosophe, écrivain et psychanalyste, née en Bulgarie, Julia Kristeva vit et travaille en France depuis 1966. Elle enseigne à l'université Paris-VII, à Harvard et à New York notamment. En 2004, elle reçoit le prix Holberg, équivalent pour les sciences humaines du prix Nobel. Dans ses *Histoires d'amour*, Julia Kristeva compose un éloge de l'amour à la lumière des grandes interrogations qui ont traversé son œuvre : quels sont les rapports de l'amour au langage ? Qu'advient-il du sujet quand il est amoureux ?

Les réponses à ces questions tendent à mettre en relief la perte et l'excès qui sont inhérents au phénomène de l'amour ; l'amour est sans doute ce qui nous conduit à nos limites. Limite du langage d'abord, dans la mesure où l'amour met le langage à l'épreuve, tout discours amoureux devenant ainsi littérature. L'amour porte également le sujet au-delà de lui-même, dans la souffrance, il le désagrège ; dans le bonheur, il l'unit avec l'autre et avec le monde. Dans l'amour comme dans la littérature « je est un autre » peut-on dire en citant l'expression d'Arthur Rimbaud.

Julia Kristeva insiste sur l'universalité de la demande d'amour et sur son incommunicabilité : le sujet croit savoir parler pour la première fois dans la parole d'amour, mais ce langage achoppe sur la réception toujours incertaine qu'en fait autrui. Le sujet amoureux, dans l'exaltation ou la souffrance, est donc celui qui fait l'épreuve de l'incertitude du langage, qui est dans une crise du langage.

331.
Aussi loin que je me rappelle mes amours,
il m'est difficile d'en parler. Cette exaltation au-delà
de l'érotisme est bonheur exorbitant tout autant
que pure souffrance : l'une et l'autre mettent
en passion les mots.

332.
Déchaînement dont l'absolu peut aller jusqu'au
crime vis-à-vis de l'aimé l'amour qu'on dit
justement fou fait pourtant bon ménage avec
une lucidité aiguë, surmoïque, féroce, qu'il est
cependant le seul à pouvoir, provisoirement,
interrompre.

333.
L'amour est le temps et l'espace où « je » se donne
le droit d'être extraordinaire. Souverain sans être
même individu. Divisible, perdu, anéanti ;
mais aussi, et par la fusion imaginaire avec l'aimé,
égal aux espaces infinis d'un psychisme surhumain.

334.
Deux amours ne sont-ils pas essentiellement individuels et donc incommensurables, condamnant ainsi les partenaires à ne se rencontrer qu'à l'infini ?

335.
Sous les feux croisés des salles de chirurgie gynécologique et des écrans télévisés, nous avons enfoui l'amour dans l'inavouable, au profit du plaisir, du désir, quand ce n'est pas de la révolution, l'évolution, l'aménagement, la gestion, donc, au profit de la Politique.

336.
Impossible, inadéquat, immédiatement allusif quand on le voudrait le plus direct, le langage amoureux est envol de métaphores : il est de la littérature.

337.
L'amour serait, de toute façon, solitaire parce qu'incommunicable.

JEAN-LUC
MARION

NÉ EN 1946

MARION

Jean-Luc Marion est un philosophe et académicien, professeur à la Sorbonne et à l'université de Chicago, spécialiste de Descartes et de la phénoménologie. Son livre *Le Phénomène érotique* se présente comme une tentative de penser de façon non équivoque le concept d'amour. L'amour est en effet pour Jean-Luc Marion le phénomène le mieux éludé par la philosophie depuis sa naissance en Grèce. C'est que l'amour a toujours été considéré comme résistant au raisonnement du philosophe, alors même que la philosophie se donne à penser comme amour, *philia*.

Cependant, l'amour peut se laisser penser rationnellement, en ne faisant pas de l'ego cartésien, se rapportant solitairement à lui-même, la condition de toute pensée de la subjectivité. L'amour en effet n'est pas une altération secondaire d'une subjectivité déjà constituée ; l'amour au contraire est premier. La décision d'aimer, le serment d'amour et la rencontre des chairs précèdent et font advenir le sujet. C'est dans la rencontre amoureuse que nous nous rencontrons nous-mêmes, que nous nous affirmons nous-mêmes. Contre Descartes il faudrait alors dire « j'aime, je désire, donc je suis ». Croire qu'il faut commencer par être pour aimer revient à faire de l'amour un échange, un processus marchand. C'est au contraire en aimant que l'on est, en s'avançant vers autrui sans peur de perdre, de se perdre, et en se retrouvant ainsi soi-même comme amant.

338.
L'amour se diffuse à perte ou bien il se perd comme amour.

339.
Je deviens amoureux parce que je le veux bien, sans aucune contrainte, selon mon seul et nu désir.

340.
Le vainqueur est le dernier amant, celui qui aime jusqu'au terme. Car l'amant aime aimer.

341.
Ou bien aimer n'a aucun sens, ou bien il signifie aimer sans retour.

342.
L'amant rend visible ce qu'il aime et, faute de cet amour, rien ne lui apparaîtrait.

343.
Aimer aimer, cela me revient ; dans cette division, je reviens à moi et j'en viens à m'apparaître comme tel.

344.
Amant, je me laisse frapper au sceau de ce qui m'advient au point qu'en le recevant comme la marque d'autrui, je me reçois aussi moi-même.

345.
« Amour » ? cela sonne comme le mot le plus prostitué – à strictement parler le mot de la prostitution ; d'ailleurs, nous en reprenons spontanément le lexique : on le « fait » comme on fait la guerre ou des affaires, et il ne s'agit plus que de déterminer avec quels « partenaires », à quel prix, pour quel profit, à quel rythme et combien de temps on le « fait ».

346.
Je jouis, parce que je ressens non seulement mon ressentir (comme quand ma chair sent un corps), mais le ressentir d'autrui (parce que ma chair s'expose à une autre chair).

347.
Aimer demande non seulement la fidélité, mais la fidélité pour l'éternité. La fidélité temporalise donc le phénomène de l'amour, en lui assurant son seul avenir possible.

348.
L'amant a le privilège sans égal de ne rien perdre,
même si d'aventure il ne se retrouve pas aimé,
car un amour méprisé reste un amour parfaitement
accompli, comme un don refusé reste un don
parfaitement donné.

349.
Aimer met en jeu mon identité, mon ipséité,
mon fond plus intime à moi que moi-même. Je m'y
mets en scène et en cause, parce que j'y décide
de moi-même comme nulle part ailleurs.

350.
L'homme aime – ce qui le distingue d'ailleurs
de tous les autres étants finis, sinon les anges ;
l'homme ne se définit ni par le logos ni par l'être
en lui, mais par ceci qu'il aime (ou hait),
qu'il le veuille ou non.

MARTHA NUSSBAUM
NÉE EN 1946

NUSSBAUM

Trop peu connue en France, Martha Nussbaum est considérée comme une philosophe américaine majeure. Professeur de droit et d'éthique à l'université de Chicago, elle est spécialiste de philosophie antique et de philosophie morale. Sa démarche consiste en particulier à interroger le rôle des émotions dans la morale. Dans *La Connaissance de l'amour*, la philosophe questionne ainsi la façon dont l'amour intervient dans le développement moral de l'individu.

Martha Nussbaum produit d'abord une critique de l'approche intellectualiste de l'amour. Elle serait plus une façon de vouloir contrôler les affects que de les comprendre, et elle ne permet pas de saisir l'irréductible complexité des situations amoureuses. Contre une tendance de la philosophie à trouver dans l'objet aimé l'universel, Martha Nussbaum insiste sur l'importance des singularités et des particularités dans le phénomène amoureux, dont seule une analyse à la croisée de la réflexion et de la littérature peut rendre compte.

Car il n'y a de connaissance de l'amour que dans l'expérience amoureuse. La connaissance théorique de l'amour ne permet pas de considérer l'amour comme source de savoir spécifique. Or, l'amour rend possible une connaissance qui implique directement la question de notre développement moral. L'expérience de l'amour est donc créatrice de forme de vie, elle est capable d'opérer une transformation des individus.

351.
L'amour et le souci moral ne sont pas exactement en équilibre, mais se soutiennent et se guident l'un l'autre ; et chacun est moins bon, moins complet, si l'autre lui fait défaut.

352.
Nous nous leurrons nous-mêmes au sujet de l'amour : qui, comment, quand et même si nous aimons. Nous pouvons aussi découvrir et corriger ces illusions.

353.
Je soutiens que l'amour est par essence une relation avec une personne particulière, et que les caractéristiques particulières de l'autre personne sont intrinsèques à l'amour tel qu'il est.

354.
Tenter de saisir intellectuellement l'amour est un moyen d'échapper à la souffrance, de ne pas aimer – c'est un concurrent pratique, une dérobade.

355.
L'amour n'est pas seulement une expérience répétée ; c'est un trait structurel permanent de notre âme.

356.
La connaissance de l'amour est une histoire d'amour.

357.
Nous ne sommes apparemment pas des créatures très aimantes lorsque nous philosophons.

358.
Connaître son propre amour, c'est s'y fier, se permettre d'être exposé.

JUDITH
BUTLER

née en 1956

BUTLER

Judith Butler est une philosophe américaine dont les travaux, nourris aux sources de la philosophie française contemporaine, sont considérés comme ayant présidé à la création des *gender studies* aux États-Unis. Son œuvre exigeante, qui entend renouveler la philosophie des genres, a une influence considérable tant dans le champ philosophique que dans les pratiques féministes actuelles.

Le point de départ de la démarche de Judith Butler consiste à reconnaître la misère de certaines existences que les normes et conventions sur l'amour et la sexualité empêchent de s'épanouir, d'être reconnues ou simplement vécues. Judith Butler définit en effet le genre comme une construction sociale, comme un ensemble de normes définissant le champ de ce qui est possible et pensable, de ce qui peut être reconnu dans l'ordre de nos rapports à l'autre. Ces œuvres, *Trouble dans le genre* et *Défaire le genre* notamment, insistent sur la possibilité de subvertir ces normes et d'accroître ainsi le nombre et la qualité des comportements désirants et sexuels viables.

Si ces questions sont primordiales, c'est parce que nous sommes essentiellement des êtres que nos corps et nos psychismes ouvrent à la dimension d'autrui. C'est-à-dire que notre identité en général, mais aussi notre identité comme sujet sexuel et désirant, n'est jamais établie une fois pour toutes et ne préexiste pas aux normes et aux comportements qui les font et les défont.

359.
La peau et la chair nous exposent autant au regard de l'autre qu'au contact et à la violence.

360.
Il semble donc que, dans une certaine mesure, la sexualité nous établisse hors de nous-mêmes.

361.
S'il semble évident que le deuil nous défait, c'est parce que c'était déjà le cas avec le désir.

362.
L'État devient le moyen par lequel un fantasme devient littéral : le désir et la sexualité sont ratifiés, justifiés, connus, établis publiquement, imaginés comme s'ils étaient durables et permanents.

363.
On ne reste pas toujours intact. Il se peut qu'on le reste ou qu'on veuille le rester, mais il est possible qu'en dépit de nos efforts nous soyons défaits par l'autre, par le toucher, l'odorat, la sensation, la promesse du toucher, la mémoire de la sensation.

364.
Si l'on perd quelque chose, c'est que l'on a eu, c'est que l'on a désiré et aimé ces êtres que l'on perd, c'est que l'on a lutté pour trouver les conditions de notre désir.

365.
La promesse critique du fantasme, lorsqu'il peut exister, est de remettre en question les limites contingentes établissant ce qui sera désigné ou non comme étant la « réalité ».

Alquié, Ferdinand
Le Désir d'éternité, 1943
(cit. 231 à 238)

Aristote
Éthique à Nicomaque
(cit. 10 à 17)

Badiou, Alain
Éloge de l'amour, 2009
(cit. 304 à 322)

Barthes, Roland
Fragments d'un discours amoureux, 1977
(cit. 266 à 281)

Bataille, Georges
L'Érotisme, 1957
(cit. 208 à 214)

Beauvoir (de), Simone
Le Deuxième Sexe, 1949
(cit. 251 à 258)

Bergson, Henri
Essais sur les données immédiates de la conscience, 1889
(cit. 180 à 185)

Butler, Judith
Défaire le genre, 1990
(cit. 359 à 365)

Descartes, René
Lettre à Chanut 1er février 1647
(cit. 52, 53, 55, 56 et 57)
Les Passions de l'âme, 1649
(cit. 50, 51, 54 et 58)

Épictète
Entretiens, (cit. 25 à 30)

Fourier, Charles
Le Nouveau Monde amoureux, 1816 (cit. 106 à 115)

Freud, Sigmund
Névrose, psychose et perversion, 1899-1925 (cit. 162)

LES OUVRAGES CITÉS

Malaise dans la culture, 1929
(cit. 159 à 161 et 171)
Trois essais sur la vie sexuelle,
1905 (cit. 170)
La Technique psychanalytique,
1912-1913 (cit. 168)
*Psychologie collective et
analyse du moi*, 1921 (cit. 157,
158, 163 à 167 et 169)

Grimaldi, Nicolas
Métamorphoses de l'amour, 2011
(cit. 290 à 303)

Hobbes, Thomas
Léviathan, 1651
(cit. 44 à 49)

Irigaray, Luce
Être deux, 1997
(cit. 282 à 289)

Jaspers, Karl
Introduction à la philosophie,
1965 (cit. 202 à 207)

Kierkegaard, Søren
Œuvres complètes
(cit. 137 à 144)

Kristeva, Julia
Histoires d'amour, 1983
(cit. 331 à 337)

Lacan, Jacques
Écrits, 1966 (cit. 215 à 222)

Leibniz, Gottfried Wilhem
*Sentiments de M. Leibniz
sur le livre de M. De Cambray*,
1697 (cit. 81 à 85)

Levinas, Emmanuel
Totalité et infini, 1961
(cit. 239 à 250)

Lucrèce
De la Nature (cit. 18 à 24)

Marion, Jean-Luc
Le Phénomène érotique, 2003
(cit. 338 à 350)

Mill, John Stuart
De l'assujettissement des femmes, 1869 (cit. 132 à 136)

Montaigne, Michel Eyquem
Essais, 1580-1588 (cit. 37 à 43)

Nancy, Jean-Luc
Dieu, la justice, l'amour, la beauté, 2008 (cit. 323 à 330)

Nietzsche, Friedrich
Par-delà le Bien et le Mal, 1886 (cit. 145, 146, 151 et 154 à 156)
Le Gai Savoir, 1882 (cit. 147)
Ecce Homo, 1888 (cit. 148 à 150 et 152)
Humain trop humain, 1878 (cit. 153)

Nussbaum, Martha
La Connaissance de l'amour, 1990 (cit. 351 à 358)

Pascal, Blaise
Discours sur les passions de l'amour, 1652-1653 (cit. 59, 60 et 63 à 72)
Pensées, 1670 (cit. 61 et 62)

Platon
Le Banquet, (cit. 1 à 9)

Ricœur, Paul
Histoire et vérité, 1955 (cit. 259 à 265)

Rousseau, Jean-Jacques
Confessions, 1765-1770 (cit. 98 et 101)
Discours sur l'origine et les fondements de l'inégalité parmi les hommes, 1755 (cit. 93, 94 et 102)
Lettre à d'Alembert, 1758 (cit. 95, 96, 97, 99 et 103)
Émile, 1762 (cit. 100, 104 et 105)

LES OUVRAGES CITÉS

Russell, Bertrand
Le Mariage et la morale, 1929
(cit. 186 à 201)

Saint Augustin
Confessions, 397 (cit. 31 à 36)

Sartre, Jean-Paul
L'Être et le néant, 1943
(cit. 223 à 230)

Schopenhauer, Arthur
Le Monde comme volonté et comme représentation, 1818
(cit. 125 à 131)

Simmel, Georg
Philosophie de l'amour,
1902-1909 (cit. 172 à 179)

Spinoza, Baruch
Court Traité, 1660
(cit. 75 à 80)
Éthique, 1677 (cit. 73 et 74)

Stendhal, Marie-Henri Beyle (dit)
De l'amour, 1822
(cit. 116 à 124)

Voltaire, François-Marie Arouet (dit)
Épître, 1733 (cit. 88)
Lettres philosophiques, 1734
(cit. 86 et 87)
Dictionnaire philosophique, 1764
(cit. 89 à 91)
L'Ingénu, 1767 (cit. 92)

Pour les illustrations : © shutterstock

Responsable éditoriale : Valérie Tognali
Suivi d'édition : Françoise Mathay
assistée de Marion Dellapina
Directrice artistique : Nancy Dorking
Conception graphique et réalisation : Laurence Maillet
Relecture-correction : Tiphaine Diaconu
Fabrication : Nicole Thieriot-Pichon
Partenariat et ventes directes : Claire Le Cocguen
clecocguen@hachette-livre.fr

www.editionsduchene.fr

© Hachette Livre, Éditions du Chêne, 2012

Photogravure : APS/Chromostyle
Achevé d'imprimer en Chine
Dépôt légal : janvier 2012
ISBN : 978-2-81230-520-7
34/8302/1-01